精益制造 *015*

新工程管理

图解生产实务

図解でわかる生産の実務 工程管理

[日] 新工程管理研究会 编　　刘波 译

人民东方出版传媒
People's Oriental Publishing & Media

东方出版社
The Oriental Press

图书在版编目（CIP）数据

精益制造 . 15，新工程管理／日本新工程管理研究会 编；刘波 译. —北京：东方出版社，2013.4

ISBN 978 - 7 - 5060 - 6165 - 0

Ⅰ.①精… Ⅱ.①日… ②刘… Ⅲ.①制造工业—工业企业管理—工程管理

Ⅳ.①F407.406

中国版本图书馆 CIP 数据核字（2013）第 058245 号

本书中文简体字版权由北京汉和文化传播有限公司代理
中文简体字版专有权属东方出版社
著作权合同登记号　图字：01-2010-7839 号

精益制造 015：新工程管理
（JINGYI ZHIZAO 015：XIN GONGCHENG GUANLI）

编　　者：[日] 新工程管理研究会
译　　者：刘 波
责任编辑：崔雁行　高琛倩　周春芳
出　　版：东方出版社
发　　行：人民东方出版传媒有限公司
地　　址：北京市朝阳区西坝河北里51号
邮　　编：100028
印　　刷：三河市中晟雅豪印务有限公司
版　　次：2013 年 4 月第 1 版
印　　次：2020 年 10 月第 4 次印刷
开　　本：880 毫米×1230 毫米　1/32
印　　张：8.875
字　　数：199 千字
书　　号：ISBN 978 - 7 - 5060 - 6165 - 0
定　　价：32.00 元
发行电话：（010）85924663　85924644　85924641
版权所有，违者必究
如有印装质量问题，我社负责调换，请拨打电话：（010）85924602　85924603

目录

001

081 第3章　制造业工程管理

程中发生变化的过程，但在项目业务中也存在着"工程"。在管理其变化过程、切实完成工作这一点上，项目工程管理也好，传统工程管理也好，都是一致的。

也就是说，二者均注重于变化的过程，但经过仔细斟酌可知，二者都把从现状开始到"期望达到的形态"为止这一变化过程称为工程，而且将重点放在此处。究其根本，可以认为变革的工程管理或许正是二者的共同之处。

我们把这层意义上的工程管理称为"新工程管理"，在将这个问题带到研究会上讨论时，我有幸接到执笔本书的任务。本书著者携手一起致力于构筑书中内容，但书中可能存在将传统制造业工程管理和项目工程管理之间进行了过度区分提炼之嫌。当将原本在制造业中历经提炼形成的方法用于新的需求时，却同时列举出了项目工程管理中的思考方式之类的命题。关于这一点，我们衷心期待来自读者的评价。

随着建设、系统开发、产品及服务开发等项目型工作的增加，项目工程管理的必要性也逐渐提高，对此我们非常关注。因此，本书把从制造业发展而来的工程管理列为主体结构的同时，也让项目工程管理占据了相当一部分篇幅。但是，项目工程管理并不等于新工程管理。

现在关于工程的思考范围，已经开始适用于各种不同的场合。例如，当人们偶尔谈到内阁的政策推动时，也会蹦出如"展示改革工程"之类的用法。这里的"工程"意指"改革的步骤和日程安排"。

序

工程管理是一个古老而新兴的课题。战后，曾有一段时期，日本盛行从美国引进管理技术，最初引进的就是工程管理。当时的工程管理是明确工厂中的生产过程，即制造产品的过程，并对该过程进行管理的方法。随着日本社会进入经济高度增长期，工程管理在工厂中成为衡量标准产品批量生产线的重要方法。尽管其已是一种经过不断提炼的方法，但仍只作为生产上的一种"批量生产管理"的方法。

直到今天，以批量生产为对象的工程管理仍未失去其存在的价值。但是现在，在工厂及商务楼建设、造船、飞机等单件生产领域中，工程管理的必要性正在与日俱增。这就是常说的"项目工程管理"。

传统工程管理中的"工程"是指在工厂中，物料在加工过

第4章 系统开发的工程管理 **175**

在此有必要重申一下，一般意义上的工程是指物料和系统等发生变化的过程。因此，工程管理可以说是在上述变化过程中对完成工作的过程进行的一种管理。因此，所谓对工程进行的管理就是明确发生变化时的节点，为了按计划完成加工物和工作的品质、成本、交期等而进行检查，或者解决问题，进行修正，确定方向等，实质上就是"管理控制"。

彼得·德鲁克（Peter Ferdinand Drucker）把这定义为阶段。根据每一阶段重新界定对状况的把握和方向。从这层意义上来说，无论工厂还是项目，思考问题的模式都是一样的。因此，不管从什么角度考虑，新工程管理更接近于德鲁克提出的阶段管理。

所谓阶段，是指在一步一步攀登阶梯时的中转站。通过在这个中转站稍作歇息，可改变计划方向等。每一个阶段均须按计划的交期、品质、成本来完成工作。反过来说，管理单个工程的品质、成本、日程，与完成项目的整体目标息息相关。特别在最近，通过引进阶段管理模式，切实处理各阶段的工作，以达成项目预期目标的趋势尤为显著。

接下来是本书的构成，在第1章、第2章中，首先针对项目工程管理的基本思考方式和基本工具进行了阐述。列举了项目工作的展开方法、工程概念、日程管理的基础等内容。

第3章介绍了制造业工程管理，也兼顾到工程管理在其他产业中的应用，首先阐述了工程管理的构成基础。在阐述过程中，力图分析和明确概念中模糊不清的地方。例如，生产管理和工程管理的区别，生产形态和生产方式的差异，对这些差异适用的管理要点等内容。并在此基础上，预留出不少篇幅介绍了关于流程方式、工程编组、功能配置等生产技术和生产管理衔接点的工程计划。

此外，考虑到生产指令和作业分配在其他产业中的应用，特针对其具体工具和方法逐一进行了分述。希望对业务革新和项目工作能起到一定的参考作用。

第4章介绍了系统开发中的工程管理，第5章侧重于解析产品开发过程中的工程管理。顺便提一句，近年来在研究开发性项目和系统开发中，应用本书中提及的WBS法等的实例比较多。

由于篇幅所限，在此不便对书中内容进行详细介绍，希望广大读者通过阅读本书，汲取关于新工程管理的知识精华。真诚希望书中的内容能对您有所助益。

新工程管理研究会代表　中森清美
2004 年 1 月

第 1 章

"新工程管理"是什么

在本章中，将就"工程"的概念，即本书中所指的"新工程管理"的观点，其必要性及基本工具等进行阐述。

1－1 工程管理的历史

工程管理，原本是一种从工厂发展起来的方法，其基础是流程作业化和作业标准化。 在日本，大约从1955年开始引进量产项目工程管理，该模式与新近兴起的丰田生产模式相关。 进入1970年，工程发展为自动化系统，该系统的特点是：一旦确定了工程项目，接下来只需对流程中的产品数量进行管理即可。

另一方面，进入20世纪60年代后半期，项目型工程管理

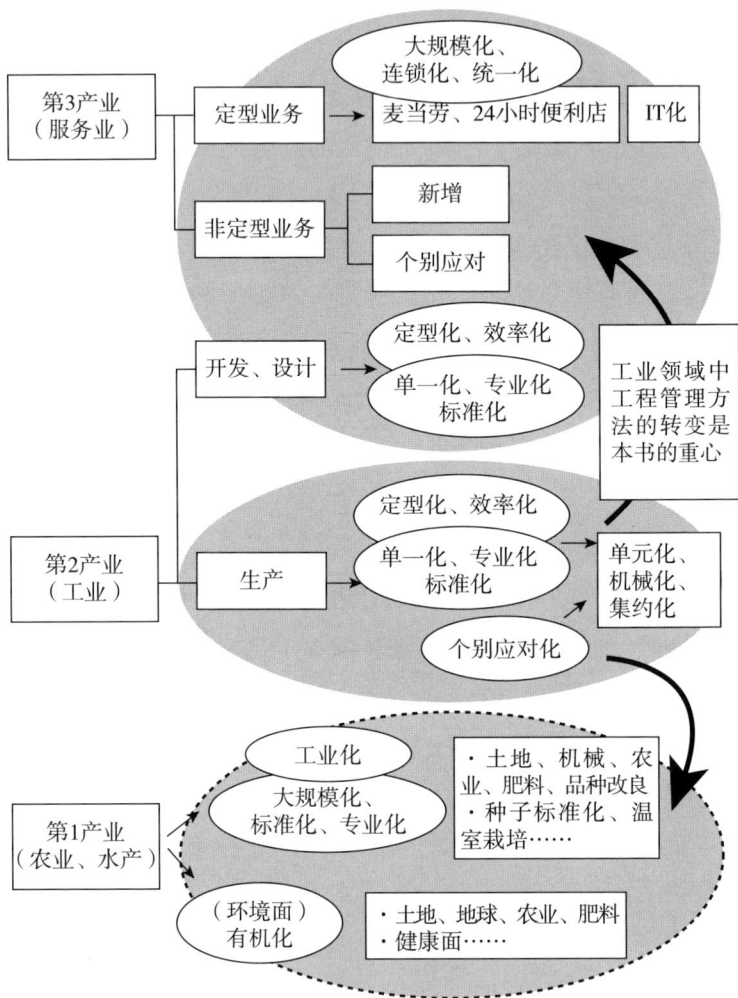

图1-1 转变中的工程管理方法

逐步发展起来。 日本于70年代后半期，开始在成套设备中引进应用实施网络法的工程管理。

到了 20 世纪 80 年代，工厂中多品种少量生产的工程管理已变得势在必行。 这时，就要应用如机械化、单元化等灵活改变生产系统硬件的方式来应对。

近来，曾经在工厂中兴盛一时的工程管理技术开始闯入流通业。 特别是在 24 小时便利店中，如 JIT 实时管理的细化物流配送系统就得到了广泛应用。

此外，在服务业中，如吉野家、麦当劳、回转寿司等企业，通过追求业务服务定型化、作业标准化、流程化等以期提高生产效率。 以麦当劳为例，必须在规定时间内把鸡蛋煎至半熟的工程和作业已经被确定标准化。 因此，即使在小时工负责的时间段内，也能确保按规定的质量生产产品，并且效率很高。

图 1-1 描述了各产业工程管理的通用概念。 无论何种产业，均分为定型工程管理和非定型工程管理两种。

1-2 新工程管理的概念

"工程"是指产品在工厂加工时发生变化的过程。 对该过程进行的管理就是工程管理。 在本书中，将工程涉及的范围稍加扩大，对适用于建筑业、系统开发、产品及服务开发等领域的项目工程管理进行了阐述。 也就是说，不仅产品和服务发生的改变，而且信息和系统等变化的过程也被列入工程范畴。

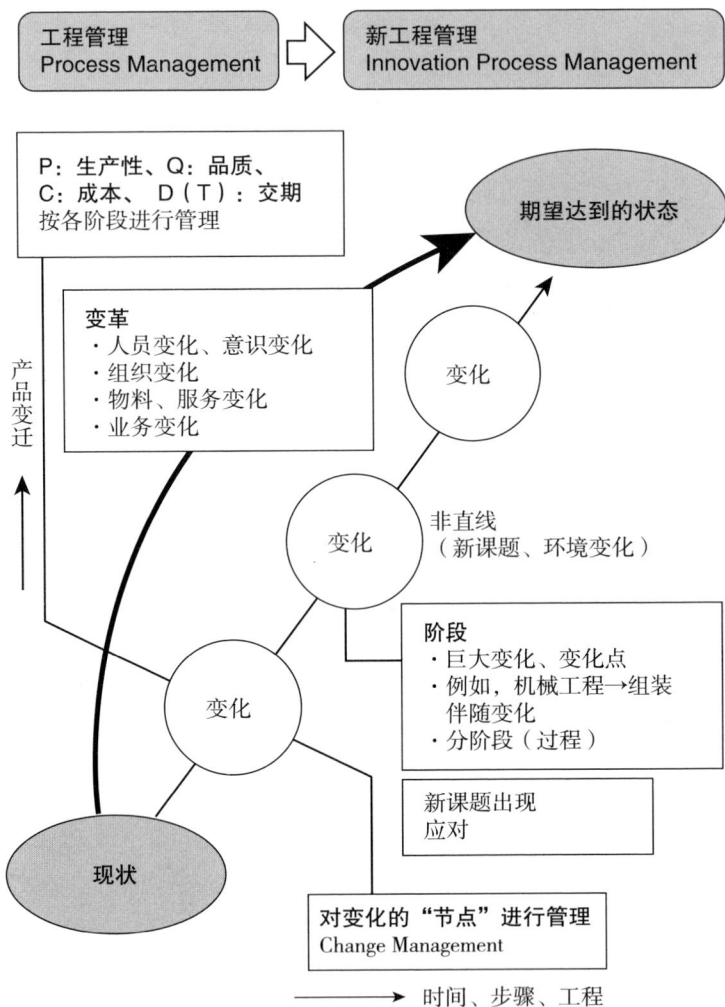

图 1-2 新工程管理是什么

进一步说，把从现状到达到期望状态这一变化过程也称为工程。本书把这种变革工程管理模式称为新工程管理。

新工程管理的概念不仅包括人员和组织的变化，业务结构的变化，还包括对该变化过程（工程）的管理。 所谓对变化的过程进行管理，实质上就是变革管理（Change Management）；而工程管理，就是对变化的节点进行管理。

这一概念如图 1 - 2 所示，横轴是时间轴、步骤和工程，纵轴表示可交付物的变迁过程。

所谓 Innovation Process Management（新工程管理），就是在各个工程中，围绕下述几项进行管理。

①什么发生了变化？

②如何变化？

③变化的程度如何？

各工程均提出 P（生产性 Performance）、Q（品质 Quality）、C（成本 Cost）、D（交期 Duration），即"PQCD"目标。 掌握其实际状态，对完成度进行评价，然后在确定下一步需执行的工作的基础上推动工程进展。

1-3 新工程管理的必要性

新工程管理在应对下述"变化"时是必要的手段（参照图 1 -3）。

●变化 1：传统工厂工程管理的主体构成：针对增产，重视生产性，以月、日为单位对产品进行量化管理。 20 世纪 70 年代前后，包含工程自动化在内的这种量化管理被确定下

<工厂新工程管理的必要性>

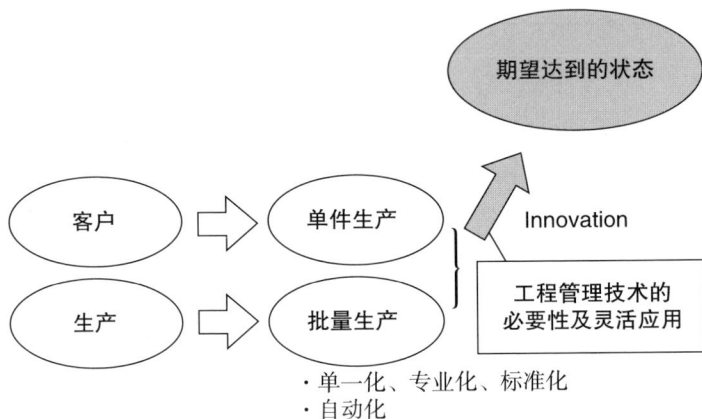

期望达到的状态

客户 ➡ 单件生产　　Innovation

生产 ➡ 批量生产

工程管理技术的
必要性及灵活应用

・单一化、专业化、标准化
・自动化

<工厂以外的系统开发、推动项目进展的新工程管理的必要性>

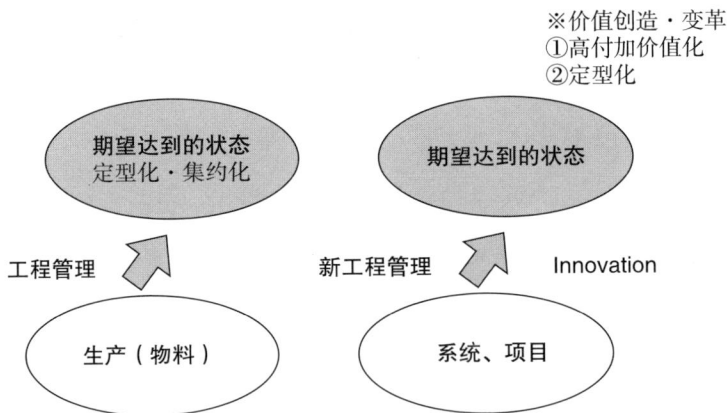

※价值创造・变革
①高付加价值化
②定型化

期望达到的状态
定型化・集约化

期望达到的状态

工程管理　　　新工程管理　　Innovation

生产（物料）

系统、项目

图1-3　新工程管理的目标

来。 但进入80年代后，随着产品的多样化发展，从生产线工

程管理向网络式工程管理的转变势在必行。 近年来，量产型
工厂转向国外，日本国内转变为试制生产和独立生产。 因
此，客观环境使人们不得不重新审视"推进区制工程管理"
（参见后述）的优势。 在应对个人需求的工程管理中，以技
能为中心，拟订独立的工程企划变得重要起来。

●变化2：近年来，系统开发和项目业务工程管理（本书
中统称"项目工程管理"）受到越来越多的关注。 WBS
（Work Breakdown Structure，工作分解结构）、PERT、CPM
等网络化工程管理方法作为适用于造船、商务楼建设、成套
设备建设等独立项目型工程管理方法之一被引进日本国内。
其中除了量产管理，日程管理型的工程管理已经停用。 进入
20 世纪 90 年代后，这种倾向变得更加明显。

●变化3：在制造业开发设计和服务业等领域中，工程管
理方法的灵活应用更加明显。 在开发设计型工程管理中，以
配置管理和设计评审等信息内容及品质管理为中心的工程管
理备受关注。 此外，客观环境也对从各工程阶段的不同视角
出发进行的评价，以及评价技法的开发提出了要求。

1-4　工程是什么

一般来说，当有序地进行某项系统性的工作时，将其中
的衔接处称为工程。 处于工作流中的物料是产品或信息。
这时，工程是满足下述条件的一种衔接。

①工程是工作的区间，是一个阶段。

a. 这时，预定的产品（可交付物）大多已完成。

<工作流>

工程：工作的衔接

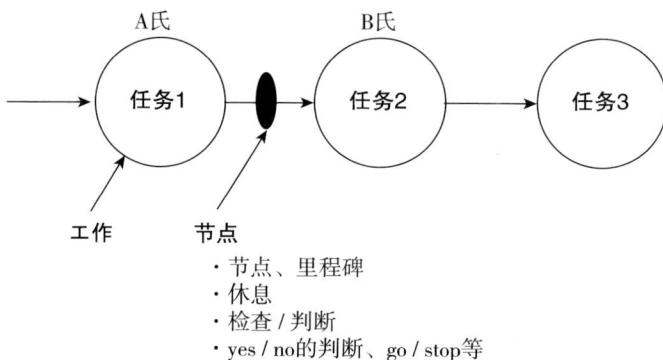

・节点、里程碑
・休息
・检查 / 判断
・yes / no的判断、go / stop等

<工程的构成要项>

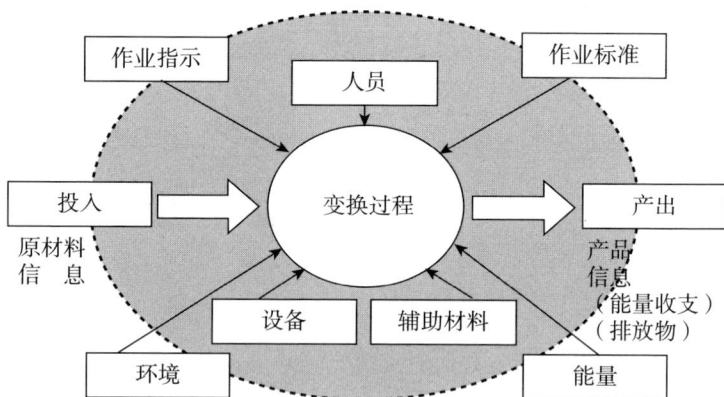

・所谓工程，是指从投入到产出的变换过程。

图 1-4　工程中的节点

②在工程的区间进行休整和检查。

a. 这时，工作从 A 氏交接至 B 氏。

b. 对工作的程度和进度状况进行检查。

c. 根据检查结果，探讨后续的推进方法和规则。

生产是物料的转移，即加工顺序。 主要流程为材料统筹、零件加工、组装加工、产品检验、包装及发货。 进一步细分，每一个工程都涉及材料的变换过程。 所谓变换，是指材料的变形、变质、补充等过程，这些过程也被称为工程。在进行零件加工时，通过设备实现加工过程。 因此，设备的配置大多也就成为了工程的工作流。 在进行组装加工时，可将零件的组装调试过程看做一个系列的工程，并把其每一个作业阶段间的衔接称为"工程"。

流通业中有收购、保管、分拣、配送等大型工程。 如果细分，卡车配载、卸货也可纳入工程。

总之，所谓工程是进行管理的单位，一个员工、一台设备、一项产出等都是管理单位，也是工作的责任单位。 工程的构成要素有投入、产出、处理变换过程，以及从事这些工作的人员和设备等（参照图 1 - 4 ）。

1 - 5 工程管理是什么

在日本，管理这个词汇分别被用于管理和控制这两层含义。 控制，就是按照标准和规范，推动、统一事件的进展。

009

与此相对，管理则多指 Plan（计划）→ Do（实施）→ See/Check（目视/检测）→Act（行动）这样的管理周期。 本书中提到的工程管理，与控制相比更侧重于管理这层含义。 因此，它包括工程计划、工程监管及检查、工程控制在内。

· 工程间的衔接管理
· 对工程本身的管理

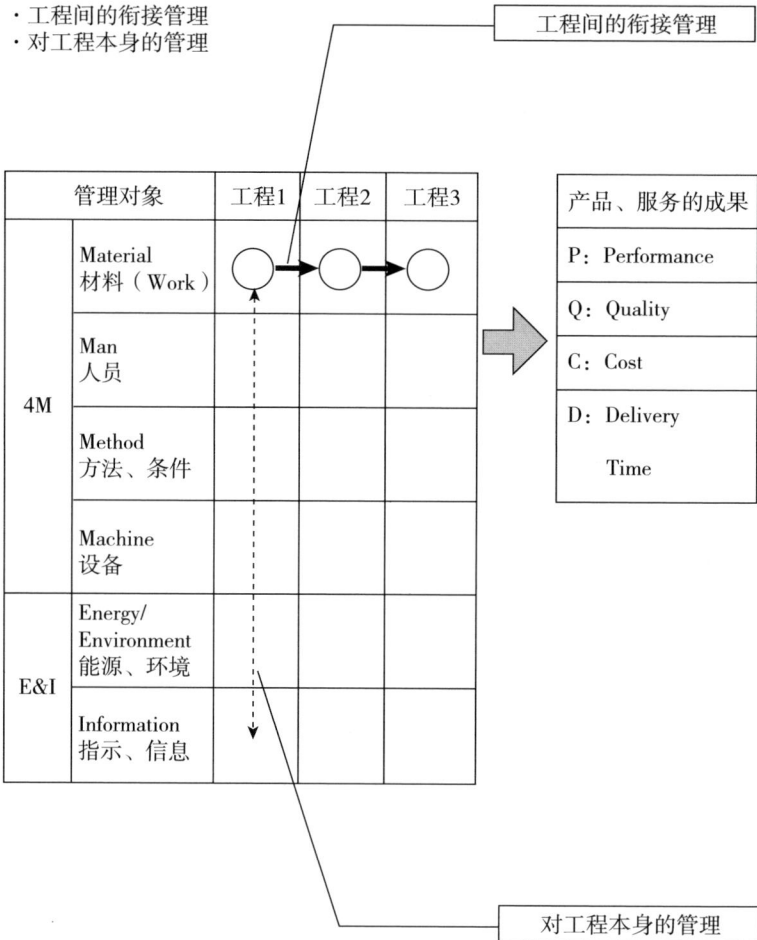

管理对象		工程1	工程2	工程3
4M	Material 材料（Work）			
	Man 人员			
	Method 方法、条件			
	Machine 设备			
E&I	Energy/ Environment 能源、环境			
	Information 指示、信息			

工程间的衔接管理

产品、服务的成果

P：Performance

Q：Quality

C：Cost

D：Delivery

　　 Time

对工程本身的管理

图1-5　工程管理的2种管理模式

从第一层含义来看，工程管理的目的侧重于物料在工作流中顺利地转移（有时用"工程流动"表述这一含义）。因此，应着重考虑分工化、流程化。各工程按规定的 PQCD 执行时，被称为工程顺利进行。此时，需要测定、检查工程是否正常运行。

如图 1－5 所示，工程管理分为工程间的衔接管理和单项工程管理两种。在单项工程管理中，须配备必要的输入信息、使用设备、工具和加工条件等，还要进行人员等管理。参见图中的纵轴 4M 和 E&I。各工程中的这些要项计划和管理构成了整个工程管理的基础。

再如图中横轴所示，切实执行工程间管理（如进度管理等）以确保工作完成。也就是说，对节点以及处于节点的工作质量、成本、交期等能否按预期目标实现要进行管理。确认在节点阶段（有时把这种节点称为"里程碑"或"阶段"）是否发生异常就是工程管理。

1－6　工程和阶段管理

工程管理，就是明确工作的步骤，对这些步骤中的节点与节点间的进度以及质量状况进行管理。这些节点可参见图 1－6 所示。

一般来说，将较大的一种划分称为 Phase（时期）、下一阶段称为 Stage（阶段），接下来是 Step（步骤）和 Task（作

| 时期
Phase | 阶段
stage | 步骤
step | 作业任务
task |

研究 — 企划 — 市场调查 — ○
产品开发 — 构思设计 — 竞争产品调查 — ○
基础设计 — 客户需求调查 — ○
生产准备 — 详细设计 — ○
生产

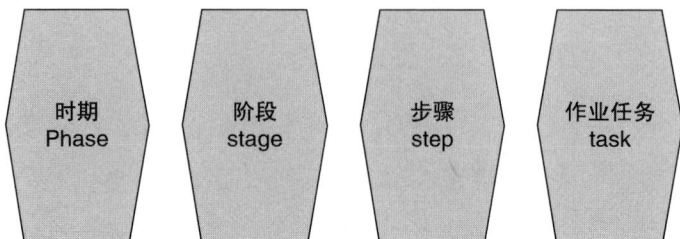

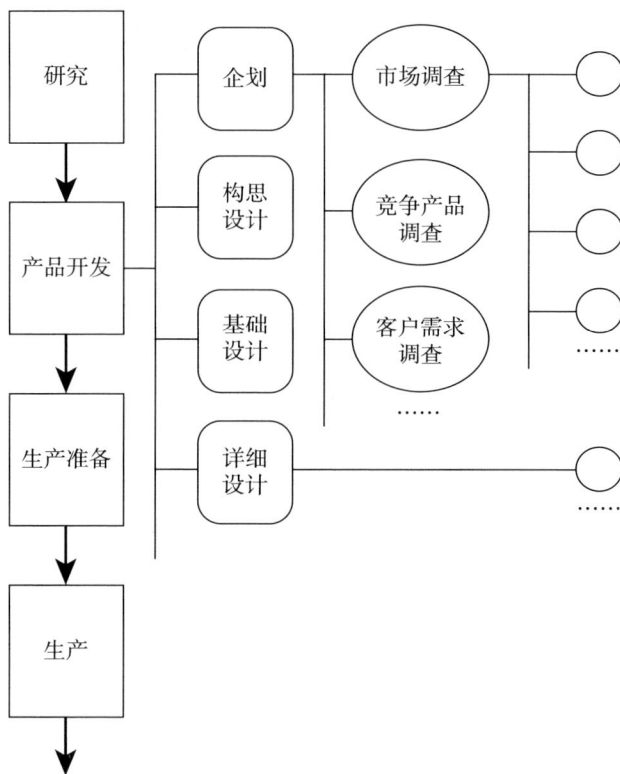

图1-6　管理的节点

业任务）。

在产品开发过程中，可以将这种研究、产品企划、开发设计、生产准备、生产的分类法看成 Phase（时期）发生变化的场景。

一般来说，当时期变化时，装配方式和人员会发生巨大变化。 在该节点，需要对包括是否实施在内的重大决策做出决定。

产品开发也分为若干工程。 也就是说，所谓开发，基本上是调查、设计、试制、实验、评价的周期循环。 经过这些周期循环，产品才算完成。 我们把这里的每一个评价阶段称为 stage（阶段），并将其视为重大的管理要点。

生产过程分为材料调度、零件加工、辅助组装、产品组装、检验、发货等。 可以把这些独立存在的步骤视为一个阶段。 在各个工程之间既有库存、也会发生物料和信息的暂时性停滞，这就是阶段。 在各自的阶段需进行评价和调整。

时期和阶段的划分并不是绝对的，应针对各个项目来具体对待。

例如：供应商→厂商（制造）→批发→零售→消费者。

可以说，这个流程也是一个大型的工程（即时期）。

1-7 项目工程管理的特征和结构

古典型项目工程管理的方法主要集中在对交期、成本、品质 3 要素的管理上。 近年来，欧美地区以 PMI（Project Management Institute）为开端，倡导如"Modern Project Management（MPM）"那种，以追求与项目管理相关的知识一体化为方向，包括交期、成本、可交付物的品质在内，对项目范围（Scope）、投入的人力资源、成员间的沟通、风险及各类资源的调配等诸要素进行管理的方法。

一直以来，日本始终奉行经验、直觉、胆量（KKD）（KKD 分别为经验、直觉、胆量三词的日语单词的首字母。——译者注）和克己奉公的精神，并据此出色地完成了各类项目。 但今后应学习通用知识体系，应用过去的经验和技术信息加以磨炼，只有这样，公司固有的知识才容易得以传承。 在此，本书将列举 PMI 的 PMBOK Guide（A Guide to the Project Management Body of Knowledge "项目管理知识体系"）中具有代表性的基础体系进行介绍。

系统开发项目管理是以统一为重点的架构。 当一项子系统中的作业欠缺时，会对相关的子系统产生影响，即为相互作用。 这种相互作用的存在，必然导致要对项目目标间的平衡进行调整。 例如，Scope（开发对象范围）的变更一般成为了项目成本变更的主要原因，而对小组的工作热情、品质、开发期间是否产生影响则不得而知。

项目工程管理是在企划（计划立案）之后的实施阶段进行的管理。 实施管理的金钥匙是对这些相互作用进行有效的管理。 因此在 PMBOK 中，参照图 1 - 7 所示，采用 Matrix 矩

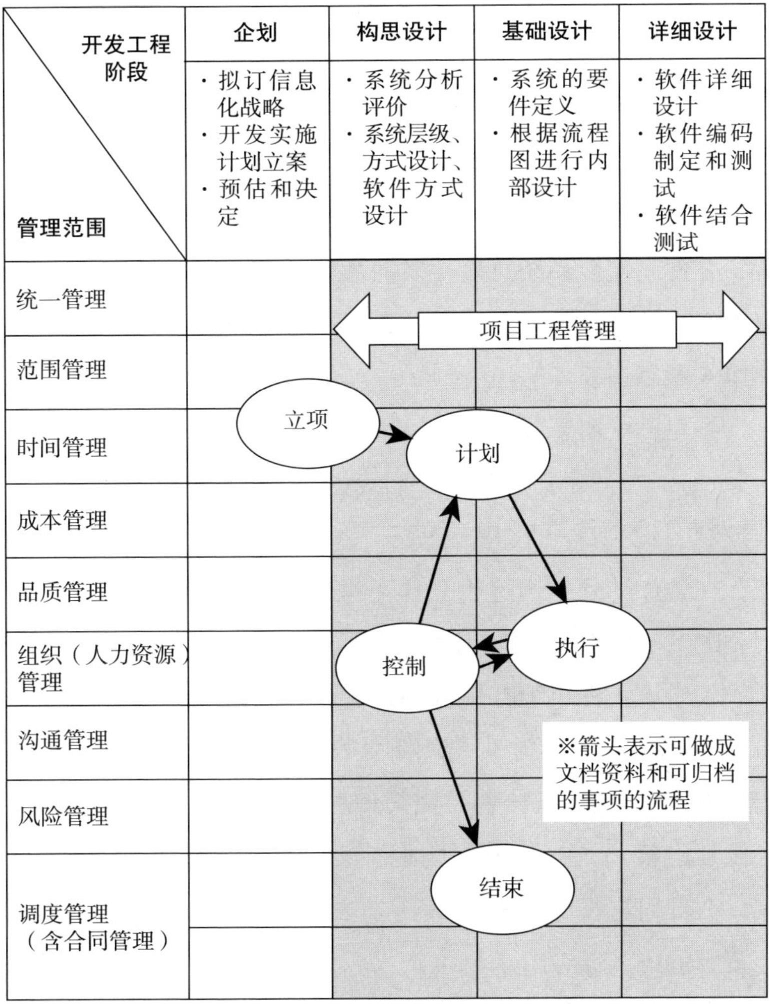

开发工程阶段／管理范围	企划	构思设计	基础设计	详细设计
	· 拟订信息化战略 · 开发实施计划立案 · 预估和决定	· 系统分析评价 · 系统层级、方式设计、软件方式设计	· 系统的要件定义 · 根据流程图进行内部设计	· 软件详细设计 · 软件编码制定和测试 · 软件结合测试
统一管理				
范围管理				
时间管理				
成本管理				
品质管理				
组织（人力资源）管理				
沟通管理				
风险管理				
调度管理（含合同管理）				

项目工程管理

立项 → 计划 → 执行 → 控制 → 结束

※箭头表示可做成文档资料和可归档的事项的流程

阴影：项目工程管理涉及的范围
出处：日本项目管理论坛《PMBOK依据IT项目管理测试》，于2002年由笔者修订。

图1-7 开发工程的时期和管理范围的矩阵

阵对相互作用的"与产品相关的过程（这里称为工程）"和"管理的知识领域（以下称管理领域）"将进行说明。

在该图中，按"时间序列展开"的系统开发阶段相当于"与产品相关的开发工程"，参见图中横轴。 一般情况下，这被定义为项目生命周期。 项目生命周期因行业不同存在差异，在此，仅以系统开发中的开发工程为例进行说明。 纵轴是 PMBOK 的 9 个知识区，在此被称为管理领域，具体内容将在第 4 章阐述。

参见图中所示，各开发工程的每个阶段中有工程小组的对象——"筹建工程"、"计划工程"、"执行工程"、"控制工程"、"收尾工程"，需要对应各阶段改变侧重点，在叠加的同时通过相互作用推动项目进展。 这与品质管理中的"围绕 PDCA"的含义相同。

关于该工程小组补充说明如下（参照表 1 - 1）。

在这些工程小组中，阶段中的一个工程的结果是其他工程的输入。 特别是计划、执行和控制工程，它们之间的衔接会反复进行。 在计划中，须提前准备待执行的书面项目计划，在项目进行的同时，该计划会发生变更或更新，则以文档资料的形式保存。

项目管理的工程小组不仅是一种限于一个周期的事项活动，还是一种在项目的各个阶段中，在改变其重要程度的同时，需要执行并重复的活动。 在各阶段中，筹建工程和收尾工程的重复现象，在重新确认项目的需求事项以及判断项目

中断时才会出现。 此外，在各阶段之间，该工程小组因兼顾
后续阶段的缘故，会发生工作重复的现象。

在项目中，以制约事项——品质、交期、成本为首，必
须在维持相互制衡（Trade off）的需求事项之间的最佳平衡的
同时推动项目进行。 因此，在 PMBOK 中，应在正确管理这
类项目的基础上，将必须要素分成 9 个管理区域。 具体内容
请参照文献（如日本项目管理论坛 2002 年的《PMBOK 依据
IT 项目管理测试》等）。 总之，项目工程管理涉及的范围很
广，必须对其涵盖的一切对象进行管理。 这就是提出加强项
目管理力度的原因所在。

表 1-1　工程组说明

·工程组 1：筹建工程 认识项目或阶段启动的必要性，参与项目。
·工程组 2：计划工程 为实现承接项目时的业务需求，拟订和维持可行性计划。
·工程组 3：执行工程 为保证计划实施，灵活调用人力和其他资源（source）。
·工程组 4：控制工程

1-8　基本工具 1：WBS 和工程展开

从本节开始，将围绕工程管理的基本工具，特别是项目

工程管理中通用的基本思考方式和技巧，分成 4 类逐一说明。 此外，关于制造业中适用的工程管理方法，将放在第 3 章中统一论述（参照表 1 – 2）。

表 1 – 2　工程管理的基本工具

·基本工具 1：WBS 和工程展开
·基本工具 2：日程计划的基本内容
·基本工具 3：配置管理
·基本工具 4：风险管理

首先，列举 WBS 和工程展开。

所谓工程管理，第一是设计工作步骤，构筑工程；第二，根据工程对工作进行管理。 为了使工作按计划如期顺利进展，首先需要展开工作的步骤。 与制造工程相同，把分解加工的步骤称为"工程展开"或"步骤计划"。

在此，对用于所有作业的 WBS（Work Breakdown Structure）方法进行逐一介绍。

（1）WBS（Work Breakdown Structure）是什么

WBS 是一种在项目工程管理之初必备的基本工具，是将工作进行系统地、区块性地分解。 WBS 一旦被合理地制成后，以下的内容就变得十分明确了。

①产品的最终规格。

②工作的定义和预估。

③确定预算、定价。

④工作指示、报告、授予权限。

WBS 由系统工程师和项目领导在制订计划的阶段完成。在新产品开发项目和系统开发等项目中，应在明确开发产品的同时，明确任务（Task）间的相互关系和与最终产品的关系，这就是 WBS。

制定 WBS 的目的如表 1 – 3 所示。

表 1 – 3　WBS 的目的

①项目活动的整体记录
②作业指示
③预算编制
④日程安排
⑤进度报告

（2）工作细分化

为了制定 WBS，首先应将项目整体的工作分解为若干小组，然后将小组按任务再进一步分解，最后再把任务进一步细分成更小的任务。 这一细分化过程，到终端单位为止被分割成适于管理的若干大小前，将一直持续。

●制定 WBS 的规则

在此演示 WBS 的制定规则。

①到作业明确前为止，WBS 持续分解。

```
                         ┌── 战略企划······引进技术
           ┌── 企业化      ├── 从研发开始发展
           │   决策发展    └── 合理化环节······上游、下游、副产品应用
           │
           │              ┌── 最近数年来的需求
           │              ├── 最近数年来的价格
           ├── 基础调查    ├── 生产厂家和产量
           │              ├── 用途市场
           │              ├── 制造方法和技术
           │              └── 其他公司是否企业化
           │
           │              ┌── 引进技术 ┌── 品牌授权商名单
           ├── 工艺选择    │           └── 品牌授权商联系
           │              │
           │              └── 自主开发 ┌── 专利
           │                          ├── 技术信息
  ┌─────┐ │                          ├── 限制项目              ┌── 名声
  │企业化│─┤                          ├── 企业评价 ──────────── ├── 经验
  │决策  │ │                          └── 合同条件              ├── 经营状况
  └─────┘ │                                                   └── 其他
           │              ┌── 宏观需求
           ├── 工厂规模    ├── 市场占有率
           │              └── 规模利益（scale merit）
           │
           ├── 选址条件
           │
           │              ┌── 成本估算 ┌── 变动费用
           ├── 效果计算    │           └── 固定费用
           │              ├── 收益估算
           │              └── 投资核算
           │
           │              ┌── 企业化的时机
           ├── 其他条件    ├── 资金计划
           │              ├── 环境问题和地方行政
           │              ├── 本地对策 ── 本地企业调查
           │              └── 相关法规
           │
           └── 决策
```

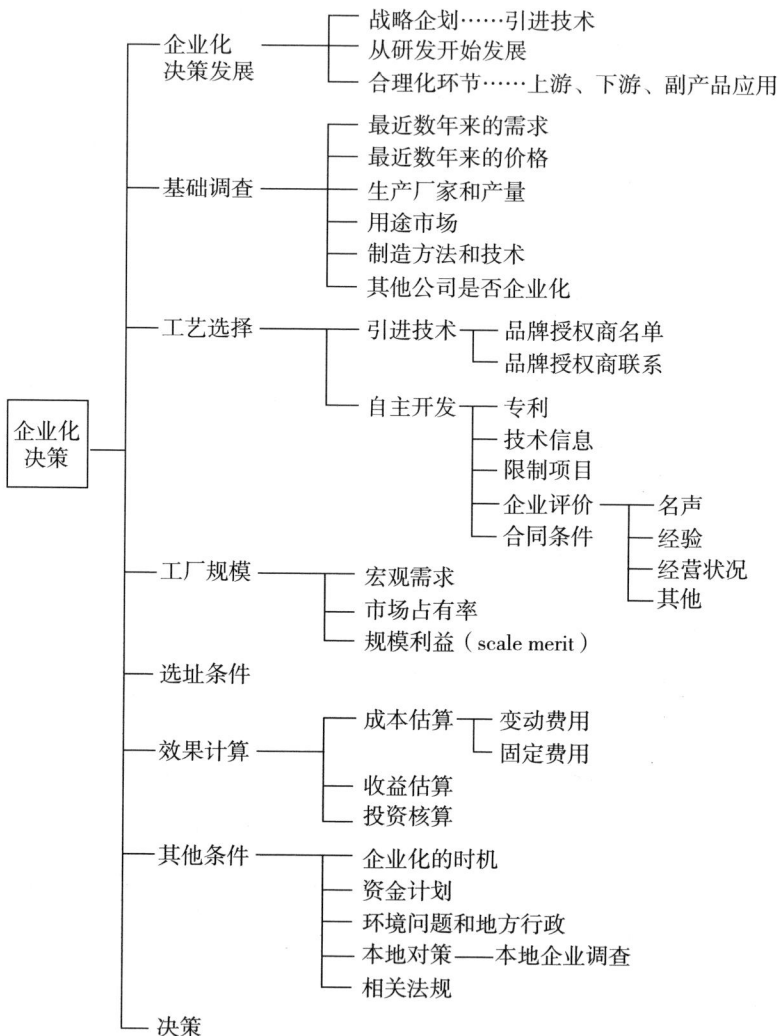

图1-8　WBS范例（成套设备建设）

②最好添加任务（分解后的最终作业）的日程和网络（行动方案 Action Plan）等。

③按时间顺序（项目的进行），WBS 的深度和范围均趋向扩大。

④被分解的任务的数目不受限定。

⑤日常重复作业不必过度细分。

在作业分解中，如果按时间经过展开应该更加简明易懂。 其他分割要点如下。

①工作流。

②产品或系统的构成要素。

③专业技术。

④作业种类。

⑤地理位置的安排。

⑥组织及部门。

⑦顾客分类等。

WBS 范例参见图 1 – 8 所示。 实际业务中使用的 WBS 与该图相近，其树形层级结构进一步分解后降至 2 ~ 3 级的程度（即进一步分解为任务）。

1 – 9　基本工具 2：日程计划

当项目的规格明确后，WBS 就可以向下展开，决定作业的分担日程计划随之拟定。 第 2 种工程管理基本工具就是这种拟定日程计划的方法。

在本节中也以项目工程管理为中心，来列举日程管理的基本内容。

此外，关于制造业的生产计划和工程管理，将在第3章中阐述。

大日程、中日程、小日程

一般情况下，日程计划大多分为大日程、中日程、小日程3个阶段。 这样的分类多用于造船业、建设业、系统开发、新产品开发等项目型工作的日程计划中。 但在批量生产产品等生产计划中，如果按年度计划、季度计划、月度计划、周计划分类，应该更容易理解（参照表1-4）。

大日程、中日程、小日程分别有各自的目的。

在大日程计划中，须确定如基础设计、详细设计、资材调度、零件生产、组装生产、现场施工等大部门分类的框架期限。 针对承诺客户的交期，首先应确定各部门的交期。同时，各部门应为目标做好准备。

一旦明确客户需求的规格，开发设计部门的基础计划和构思设计完成，就应遵循该方案，制定精确度更高的中日程计划。

在中日程计划中，应明确构成要件，以及其规格的决定时期。 中日程计划采用网络法制作的例子已越来越多。 各部门遵循中日程计划来执行具体活动。 在中日程计划的基础上，小日程计划以各小组为单位进行制订。

中日程计划属于"工作和作业单位"计划，换言之，它明示了车间和小组之间的工作关系。此外，还用于监控项目整体的进度和滞后状态。

与此相对，小日程计划也称为各组和个人作业的日程计划。

即用于个人的每日工作管理，比如"今天，我应该做什么？"

表1-4　日程计划的种类

日程计划种类	对象工程的细分程度	对象部门	计划日程的细分程度	计划期间
大日程计划	大日程	部门分类单位	月/周	6个月~2年
中日程计划	中日程作业单位	车间	周/日	1个月~6个月
小日程计划	小日程任务单位	个人单位	日	周计划

1-10　日程计划的表示方法

如图1-9所示，描述日程计划和日程的方法分为：①甘特图（柱状图）法；②注重节点的里程碑法；③网络图法（PERT等）。日程计划的横轴为月、周、日等时间刻度，纵轴为业务（Job）、工作任务（Task）和待完成的产品（Product）。

甘特图（柱状图）

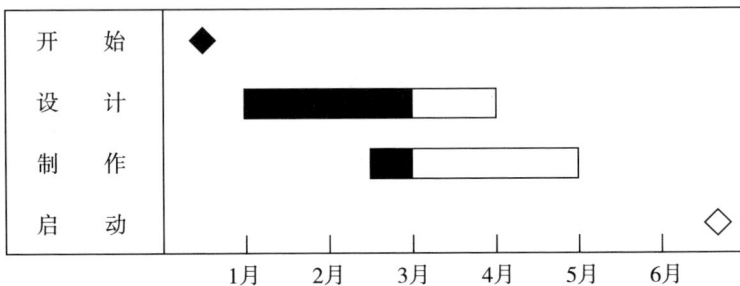

里程碑法

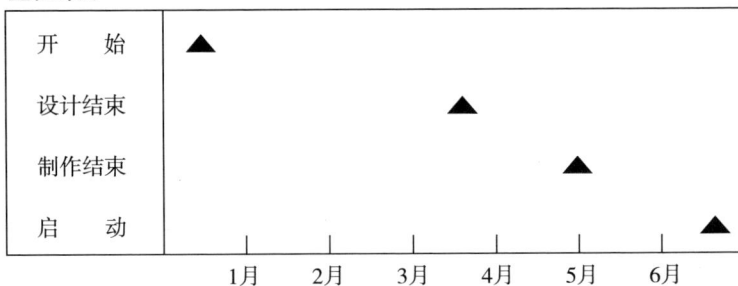

网络图法

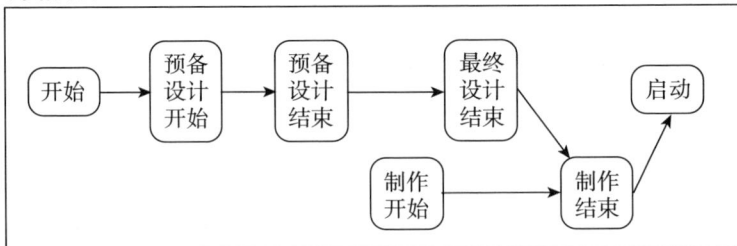

图 1-9　日程计划表的例子

甘特图法（Gantt Chart）：直观易懂，一般来说使用频率较高。计划可根据经验来轻松划线。甘特图属于柱状图之一，它既能在计划表上输入实际进度状况，还能用于进度管理。

里程碑法：里程碑即一段里程之意，也是工作的节点，用于表示项目阶段管理中的一个阶段。在里程碑中可标出既定输出，确定评价会议等事件。对于将什么确定为节点，到每个节点之前完成什么工作等问题，由各自自主决定。

网络法：按从左到右的顺序，采用箭头符号表示作业和作业间的关系，以及优先作业的关系；按作业顺序标记事件编号。在 PERT（Program Evaluation and Review Technique）中，在时间编号之间的线上定义作业（Activity）。网络法的特征是：明确工作间的相互关系和顺序，当某项工作滞后时，能了解是否会对项目整体产生影响。此外，因为能够从图中辨别日程上耗时最长，即处于瓶颈状态下的作业间的衔接（关键路径 Critical Path）。因此，能对该处进行重点管理。缺点是必须积累单件作业单位的预估。所以，制定该计划需要花费时间。

1-11　日程计划的制定方法

（1）日程计划的步骤

工作步骤一旦确定，下一步应对照日历制定日程计划。

日程计划的基本要项如下所示。

①有什么工作（业务提取）。

②按什么顺序执行（步骤化）。

③由什么人执行。

④执行该工作所需的时间是多久（工时预估）。

⑤工作和工作间的关联性怎样。

⑥进行日程分配。

图 1-10 为日程计划的实施步骤。

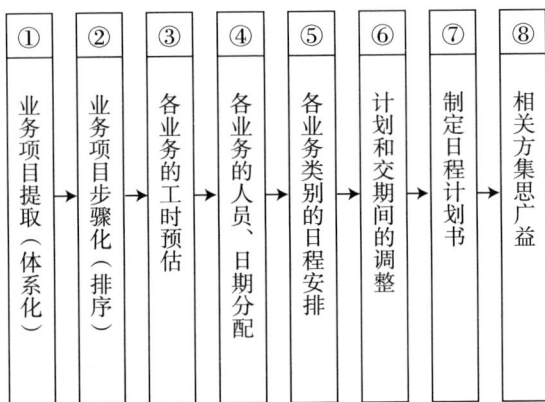

①	②	③	④	⑤	⑥	⑦	⑧
业务项目提取（体系化）	业务项目步骤化（排序）	各业务的工时预估	各业务的人员、日期分配	各业务类别的日程安排	计划和交期间的调整	制定日程计划书	相关方集思广益

图 1-10　日程计划的实施步骤

（2）日程计划立案的基础

1）从负荷到日程的转换

构成日程计划的基础是工作量（负荷）预估。一般用 1 天的处理能力除以预估的负荷后再转换为日程。

工作量÷处理能力＝所需天数

026

但是，像反应时间或机械处理时间那样，之所以消耗的对象是期间，而不是工时，是因为在参考该时间的基础上确定所需天数的缘故。

2）负荷积存法

将负荷转换为日程有 2 种方法，一种是标准日程法（参见后述），另一种是负荷积存法。

如下所示，负荷积存法分为 2 种。

①后导式排程（Backward Scheduling，逆推排产法）

一种从交付期限起逆推并确定启动日程的方法。 这种方法需设定目标交期，从该交期起逆推负荷积存，继而制定日程计划。 在此基础上，就能明确应该到什么时候为止动工。

②前导式排程（Forward Scheduling，顺推排产法）

一种从现时点起按工作步骤进行负荷积存，确定预计完工日的方法。 在此基础上，能了解可能的交付期限，并于工作开始时对要求交期和可能交期间的不一致进行调整。

3）负荷积存和优先顺序

当若干项工作（Job）的负荷累积时，一旦超过峰值能力，就需要对负荷进行调节，这被称为积存。 它是把某一定量的工作日程提前，或者向后推迟的调节方法（参照图 1 – 11）。

当积存发生时，从哪一项工作开始？ 即出现所谓优先顺序的问题。 我们把确定这一优先顺序的规则称为调度规则（Scheduling Rule）。

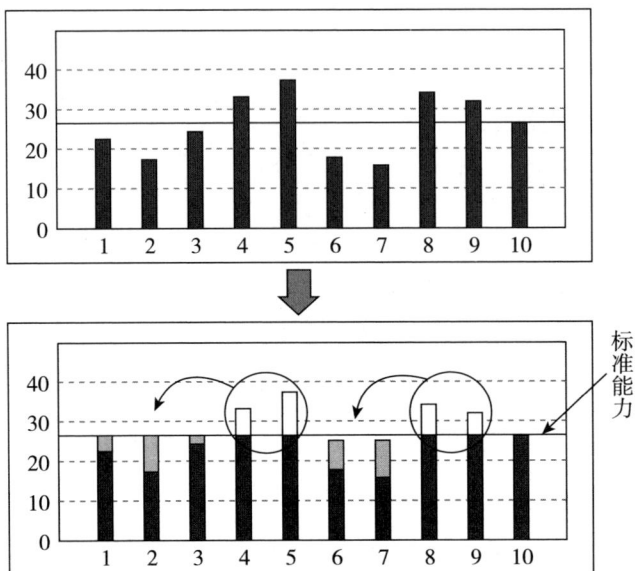

图1-11　负荷积存

　　例如下述按顺序执行的规则。　虽然需要采用哪一种规则视具体情况而定，但如果把这些规则作为企业方针来考虑则会更好。

　　①工作的完成顺序：最自然的规则。

　　②因最终工程的交期迫近。

　　③该工程的交期顺序。

　　④加工时间的小顺序：不管到什么时候，大件加工不启动。

　　⑤加工时间的大顺序。

　　⑥剩余工程的总加工时间为小顺序。

⑦剩余工程的总加工时间为大顺序。

⑧后续工程中，等待的工作量少的顺序。

⑨剩余的工程少的顺序。

⑩剩余的工程多的顺序。

（3）标准日程法

一种以标准日程为基础制定日程计划的方法。

1）标准日程是什么

标准日程，是经过某产品的加工工程所需的标准时间，它是日程计划的基础。

具体来说，是在各工程的所需工时中，增加停滞时间和等待时间。各工程基本上由加工、检查、搬运、停滞构成。在这些时间中，准备时间不用说，还包括平均工程等待时间、批次等待时间。

确定标准日程的方法大多采用加工时间、检查时间、搬运时间等从标准时间累积计算的方法。

批次等待根据批次的大小而定。关于工程等待时间，一般来说根据过去的实际业绩、经验来确定。等待时间过长，表明管理水平低下。应从目标层面出发，采用过去耗时较少的情况来作为衡量标准。

只要事前明确标准日程，就能从项目启动日起推断其产品、施工在多长时间内完成（Forward Scheduling）；反之，也能从交付期起，逆推"序号"并确定动工日期（Backward

Scheduling）。 像这样，标准日程在日程计划中是非常重要的标准。

这里的"序号"是"手动配置编号"的简略表述，表示从交期起逆推提前几天启动作业更好的意思。 例如，如果动工日为交期的前20天，就称为"动工序号20日"。 序号的单位通常采用1天制，但根据行业和工作等，也可以采用半天或1周为单位。

2）标准日程构成

为了计算标准日程，需要求出下面各自的时间值。

①准备时间。

②加工时间。

③检查时间。

④搬运时间。

⑤工程等待：生产线等状况不佳时发生。

⑥批次等待：批次量大时加大。

（4）日程管理法和所需期间预估法

代表性的日程表示法：如甘特图法、网络图法、里程碑法等已在前文述及。 这些方法也是同时探讨日程的方法，特别是甘特图法和网络图法比较大众化，其特征参照图1 – 12所示。

在这里，将围绕所需期间的预估方法谈谈需要注意的几点事项。

甘特图法

日程 阶段	5月	6	7	8	9	10	11	12
功能试制	设计	试制	实验					
手动试制		设计	试制	实验				
模具试制			设计	试制	实验			

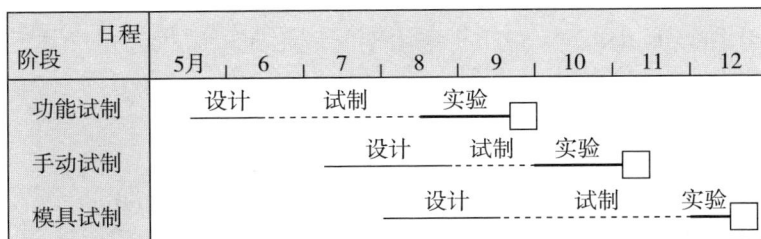

甘特图法的特征
　①计划简单。
　②易看易懂。
　③工作可独立描述。
　④管理重点不明确。
　⑤对进度状况的把握不清晰。
　⑥未来预测困难。

网络图法

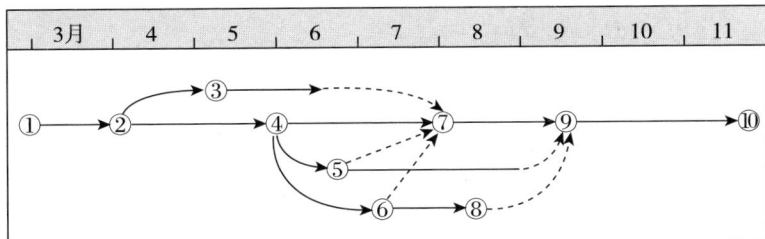

网络图法的特征
　①工作间的相互关系和顺序明确。
　②日程针对每一个工作进行预测，逐次累积。
　③对规定交期的调整放在后续阶段。
　④到日程计为止耗时。
　⑤进行过程中，日程预测容易。
　⑥重点作业一目了然。

图1-12　两种日程计划的特征

①日程和工时不统一。

②一般情况下，所需期间和工时不是正常状态分布（Normal Distribution），倾向于采用期间或工时延展的分布形式。

③在时间预估中，有标准时间法、实际业绩法、经验预估法等。

④三点预估法：由于与经验匹配，所以，下面的三点预估法应用较广。

$$期间 t = \frac{a + 4m + b}{6}$$

a：乐观值　　m：最可能值　　b：悲观值

1-12　基本工具3：配置管理

（1）应对复杂项目

配置管理，是由美国国防部和国家航空航天局按一系列零件定义和与其变更相关的应用手续开发而成的方法。

开发这种管理方法的初衷是为了应对阿波罗计划等规模大、项目复杂的需求。此后，同类项目在业界不断增加，并开始不断应用这种方法。

因此在本节中，将围绕配置管理方法的基本思考方法进行阐述，并在接下来的篇幅中介绍其具体实例。

（2）配置管理的目标（参照图1-13）

一般情况下，产品或系统配置通过系统规格书、产品规格书等技术文档进行演示。

当需要确认某种产品是否符合上述规格时，只要在制造后进行测试即可。 但是，当伴随大规模项目，开发周期较长，不能确认开发过程是否能够顺利进行时，试制试验也无法轻易实施。 因此，试制并对产品进行测试成了一件风险较大的事情。

这种倾向在新近的产品或系统中尤为显著。 因此，必须在开发阶段对基准线（基本要求事项）和输出（产品输出）进行管理。 之所以倡导配置管理的重要性，原因就在于此。

在产品或系统规格书中，应明确其功能、性能等动态特征以及物理、结构等静态特征，对包括该内容的变更管理在内进行管理。 所谓配置管理，是在系统和机器开发时，从需求规格的设定到应用的整个开发周期中，掌握从系统层级到构件和零件层级，各层级的功能，以及物理特性，并对这些进行管理。

执行配置管理时，需提前确定构成基础的文件定义、其变更手续、开发过程记录、报告以及审核方式等。

（3）配置管理实例

上述说明可能不易理解，因此，下面将列举一项成功案例加以说明。

某公司是一家机械设备厂家，由于设计部门被细分成很多小组，各小组之间很难取得细微的沟通，因此，这成为导

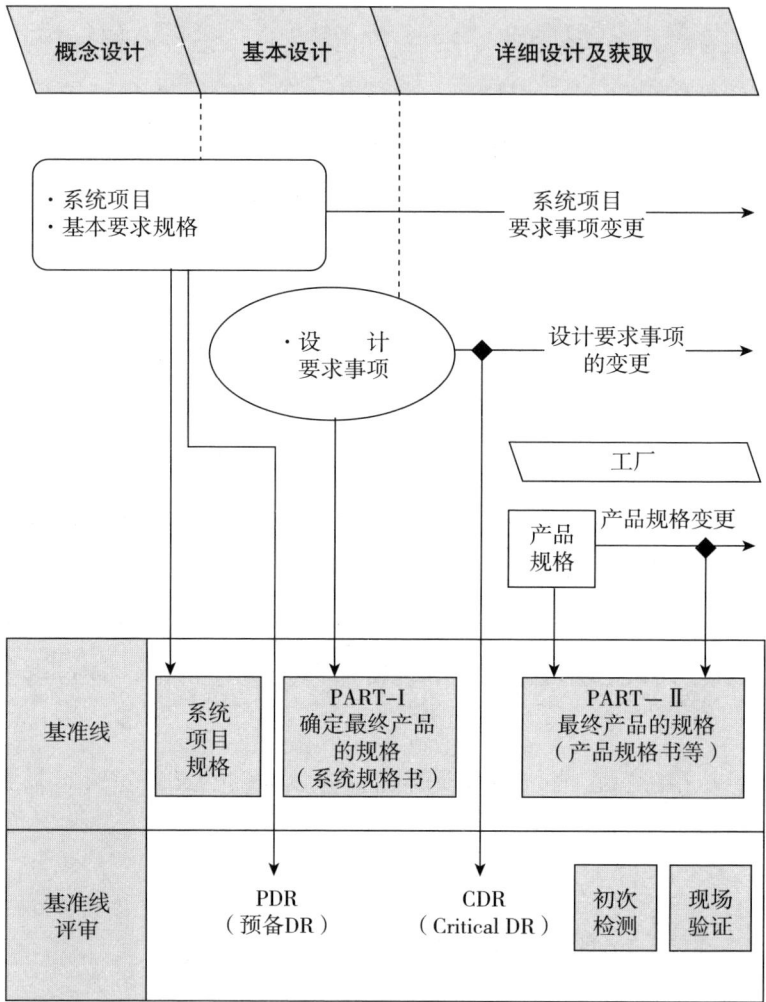

图 1-13 配置管理的目标

致开发进度延误的原因。 这是因为机械设计方、电气控制设
计方、设备装置的系统设计方等各要项开发设计方的想法难
以达成一致。

因此，在同一公司中，为了使这些专业小组之间的交流
更容易进行，首先必须明确设计输出。 如图 1 – 14 所示，作
为机器开发的步骤，首先应弄清各个阶段的区别，明确每一
阶段的输出格式（样式），以及在相应位置应该记录的
事项。

客户需求	产品定义	设计构思	详细规格	工程规格书	零件管理
要求规格书	开发规格 项目目标	基础设计书 系统规格书	图纸 项目规格书 项目	检查规格书	

图 1 – 14 机器开发的阶段

由于基础设计阶段的输出非常关键，特别是要将基础设
计定义为"明确各构件的规格"。 基础设计中的输出应包括
下述内容。

①基本性能规格……能力或性能模拟实验的结果。

②各构件的规格书。

③系统控制规格书。

④测试计划和测试规格书。

这些规格书与其说在某一开发时段制成，不如说是由设计小组在开发进行过程中逐步确定下来的。 因此，要求规格书、确定规格书、决定规格书等也会随着产品开发的阶段一步步被完善。 产品和系统设计方制定系统的基础构架，将该基础构架作为要求规格书交给专业技术人员。 各专业小组接到该文件后，进行开发、设计研讨，再与系统设计方磋商，形成确定规格书后汇总实施。 系统各部门的开发工作完成，经过最终测试制成决定规格书。 对这一期间的规格（即配置）进行的管理就是配置管理。

1 – 13　基本工具 4：风险管理

如彼得·德鲁克（Peter Ferdinand Drucker）所说，"冒风险是经济活动的本质"，承担经济活动基础的新产品开发和系统开发与风险共存，风险越小的系统，其经济效益也越少。

另一方面，倡导"失败学"理论的畑村洋太郎教授对曾发生的瑞穗银行系统故障事件提出如下观点："原因与在山中承建的温泉新馆和分馆接长脚架的复杂馆内设计同理，一旦某个时期发生火灾，主馆也罢，新馆也罢，所有设施全部付之一炬。 至于众多从业人员如何逃生，如何引导客人逃离，业主连这类常识都不具备。 也就是说，瑞穗银行的这个系统和温泉旅馆一样属于附加设计，他们应该从新安全和功

能等所有问题出发（谦虚地学习在他人身上发生的关于失败
的危机管理等），重新进行整体设计。 而且，也可以说，新
的失败会继续发生。 这是因为所有的人不再思考，不再观察
（过去的失败等）所致。 如果只顺着事物发展的方向考虑，
必然会发生遗漏。 当遗漏累积起来，就汇集成'失败之
河'。 所以从本质上来说，从相反方向考虑问题更加重
要。"因此，人们应该直面风险，而不是把它隐藏起来。 为
了避免造就"失败之河"，应该试着思考怎样去做。 在形成
"失败之河"前，人们需要设法解读风险的征兆，怎样着手
预防，这些均与风险管理息息相关。

（1）风险管理的 5 个阶段

项目领导大多根据来自小组成员的报告和申报发现或认
识项目组中存在的问题，但这时，项目领导其实应该自己去
预见风险的征兆（导火线，Trigger），并及时采取对策。 从
经营角度出发，他们原本负有对风险进行说明的责任（问责
制，Accountability）。 可参照表 1 - 5 所示。

一般情况下，风险管理按下面 5 个阶段进行，并在项目
工程的各节点反复实施。

阶段 1 风险的特定：提取可能发生的风险。 这时，可
参考过去的失败要素进行分析。

阶段 2 风险的定性或定量分析：对提取的风险内容进行
定性或定量分析，验证风险发生时的影响等。

表 1-5　风险和对策

区分	风险的因果关系	定义	一般实例
风险	风险原因 （风险源）	引发风险的主要因素	要求事项变更 与设计相关的错误、遗漏和误解，模糊不清的责任划分、错误的解释 不正确的预测 技术水平较低的员工
	风险事态	作为某种特定的风险事态，需要进行单独验证的主要因素	新技术开发、天灾等
	风险项目	受风险因素影响的结果	交期延迟、成本超支、品质不良 技术问题
对策	事前预防对策	抑制风险发生的对策	关键人员的使用和评审，对决定事项的顾客沟通进行认可
	事前准备对策	防止风险发生的对策	事前规定合同条款，或说明后交换备忘录
	事后对策	风险发生后的对策	制定迂回方案

阶段3 拟定应对方案：设想项目进展过程中可能出现的风险情况，对此拟定对策。 需将该结果反映到其他项目工程中。

阶段4 风险监控和控制：通过设计评审等方式，定期对设想的应对计划做出修订，并在成员间共享。

阶段5 积累技术信息：在公司内积累风险管理的技术信息。

（2）风险的提取及界定

在项目工程管理中，项目启动的时期是最关键的。 在该时期执行正确的风险管理，与贯穿工程整体并将风险发生抑制在最小限度密切相关。

首先是提取并界定可能发生的风险。 提取风险的方法有2种。 一种是在过去实施的项目经验的基础上查明风险事项、发生状况和发生条件，采用检查清单汇总的方法，也被称为"目录研究（Contents Approach）"。 另一种是制作项目的 WBS（Work Breakdown Structure），根据结果，在设想项目进行的同时查明"过程研究（Process Approach）"。 在实际项目中，应合并使用这两种研究，防止提取的遗漏。

这时必须注意，"规格变更引发的风险"和"超出成本的风险"二者概念不同。 "规格变更"是引发交期延迟和成本超支等实际损失的主要原因，而"成本超支"是受到影响的结果。 应充分理解其中的因果关系，必须把引发风险项目的主要原因——"风险原因"，以及受到影响的结果——"风险项目"，二者区分开来。 其思考方式和实例如图 1 - 15 所示，一般来说，为了查明典型风险，只需制定风险原因和风险项目的矩阵即可。

```
风险原因 ── 顾 客     规格变更和规格追加,与客户间对规
              (用户) ── 格的讨论滞后,与客户间交流不足,
                        文档制定不清晰等。

              技 术 ── 开发部门的技能管理不足,套件和现
                        有软件的兼容性或定制性,预估错误
                        或性能条件不明确,硬件OS选择错误

              管 理 ── 能力、人员、订单等资源不足,管理
                        能力不足,开发步骤设置错误,合同
                        不完善,著作权问题等。

              协同企业 ── 协同企业的能力不足,硬件,套件
                        ……OS障碍支持体制,协同企业开发
                        滞后,品质不良。

              其 他 ── 采用新技术的硬件,软件开发和天灾。


风险项目 ── 交期延迟

              成本超支

              性能不良

              品质不良

              技术问题

              安全保障

              机密安全
```

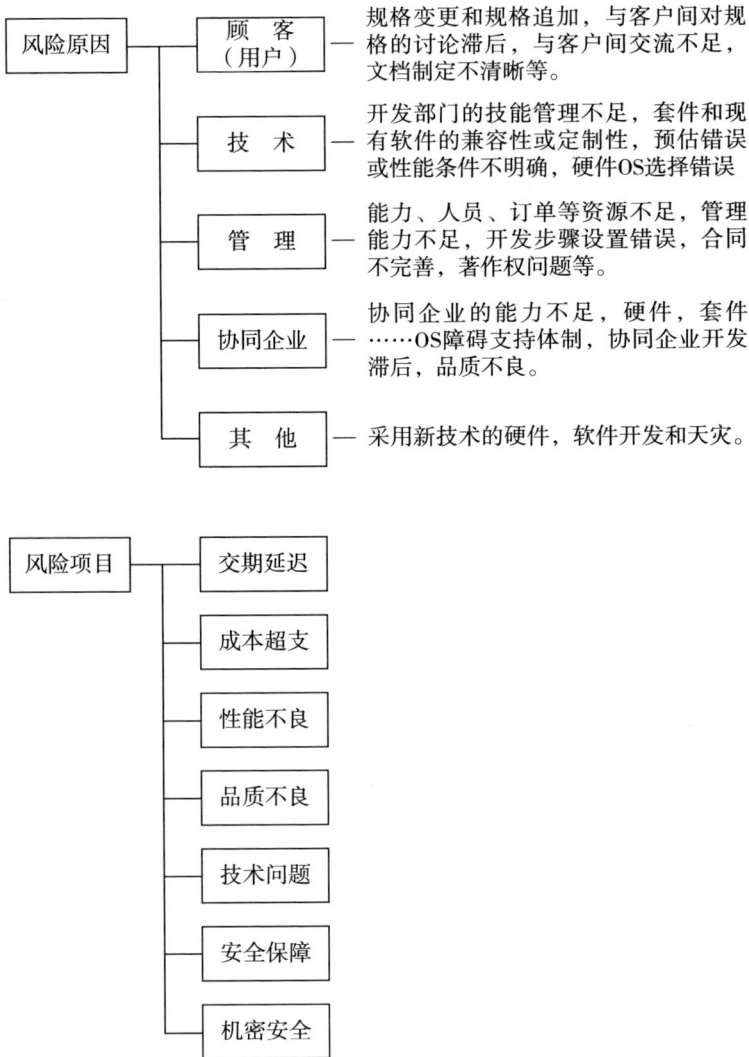

图 1-15   风险原因和风险项目

另一方面，虽然不免涉及精神层面的因素，但应时刻认识到即使检查清单或 WBS 也未必能够完全杜绝风险，这一点在企划工程中尤为重要。

（3）风险发生时的影响分析、验证和对策

风险的影响分析是定义风险原因和发生原因，求证风险的发生概率和发生场合的影响度（即损失额度）。 在 PM-BOK 中，提倡对风险发生的预估时期和发生频率做进一步分析，但只需在必要的场合中适当地实施即可。 在影响分析中，对于提取的各种风险，应明确规避风险的优先顺序。 发生概率分为高、中、低三档，所导致的影响只要在大、中、小各自的 3 个阶段判断就足够了。

像这样，虽然风险值被定义为：发生概率 × 影响度（规模），但是当风险值相同时，在"低发生概率"×"大规模风险"和"高发生概率 × 小规模风险"中，可以认定风险发生概率低、损失规模大的风险在经营上是比较重要的风险。

如上所述，针对各种风险的对策参见图 1 - 16 所示，一般情况下被分为排除、削减、转移、保有 4 类。 其次，风险对策的思考方式参见 a 图所示，纵轴为发生概率，横轴为影响度（即损失），确定各自容许发生的概率值（即容许发生概率），容许的影响度或损失额（即容许影响度），以及容许风险值。 根据该二次元图中由各容许值划分的范围，选择下面的处理方法。

①容许影响度不足的风险实施"保有"……图1-16中的范围 I。

<a. 风险处理的思考>

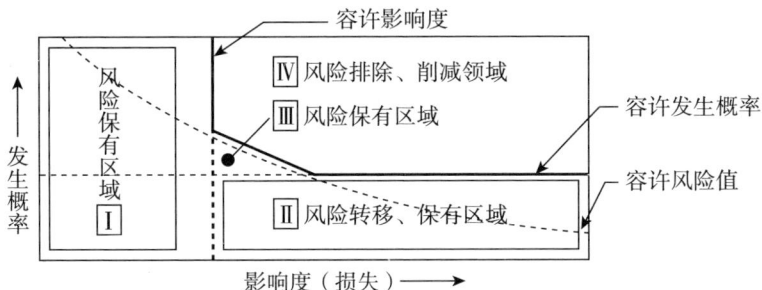

容许影响度

Ⅳ 风险排除、削减领域

Ⅲ 风险保有区域

风险保有区域 Ⅰ

发生概率

容许发生概率

容许风险值

Ⅱ 风险转移、保有区域

影响度（损失）

<b. 风险处理的分类 >

处理方法分类	说明	对策实例
排除（规避） Avoidance	排除风险原因，规避特定的威胁	采取设计验证、开发、测试工具的评价项目的补充和强化等事前预防对策
削减（降低） Mitigation	采取事前对策，降低风险发生概率及影响	将产品转化为有业绩的实物，灵活应用能预知征兆的管理工具等，制定事前准备对策
转移（转换） Transfer	将风险转移至其他公司	委托给专家，修订合同条款、恐怖事件、灾害、设备损坏的保险索赔等
保有（接受） Acceptance	风险不致命时，予以接受	配备意外伤病缺岗等候补人员，工期安排充足，准备预备资金等事后对策

图1-16　风险处理的思考和处理方法

②发生概率为容许值不足的风险实施"转移"或"保

有"……图1－16中的范围Ⅱ。

③风险值（＝发生概率×影响度）为容许值不足的风险实施"保有"……图1－16中的范围Ⅲ。

④上述范围以外的风险实施"排除"或"削减"……图1－16中的范围Ⅳ。

立足于这些内容，在企划工程和各工程的恰当时期，通过"集体讨论"列举"风险原因"，此外，该"风险原因"在什么场合（发生原因），以什么征兆（导火线）发生，需要对其概率和影响度进行评价并设定风险值。根据按风险值定位的区域，选择适当的处理方法并讨论具体方案。将这些内容汇总至风险原因和应对方案表中，这样会更容易理解。

在提取风险原因时，应尽量与经验丰富的项目领导人进行充分沟通，在理解的同时进行。因此，提前制定"风险对策指导"很有效。

总之，采用该风险原因和应对方案表提交报告，联系和协商，不断对表中内容进行补充和修订，作业者对风险的感性认识一定能有所提高。

此外，据称在系统供应商处，预估工时和实际工时间的差异在10%范围内波动的话，是正常的。将该风险值作为预估的"环境变量"与标准预估工时进行对比，据此可以算出精确度更高的预估值。作为风险影响评价和对策提取工具，用于产品开发中的与FMEA相类似的FMECA（Failure Mode Effects and Criticality Analysis，故障模式、影响和严重性分析），关于其论述请参考其他资料。

第2章
新工程管理的工具

在本章中，将主要针对个别生产以及项目业务的工程管理中的必要工具在实践的基础上进行阐述。

2-1　工程管理工具承担的作用

所谓工程管理，用一句话概括，就是一种为实现目的而存在的明确的工程计划，和在目标实现之前，对工程进行监管和控制的统一性的管理活动。

为此，工程管理责任者应该灵活应用前人制定的基础管理工具的方法和软件。

虽然称之为工程管理工具，但其具体内容因目标可交付物、对象工程、管理方式等而不同。

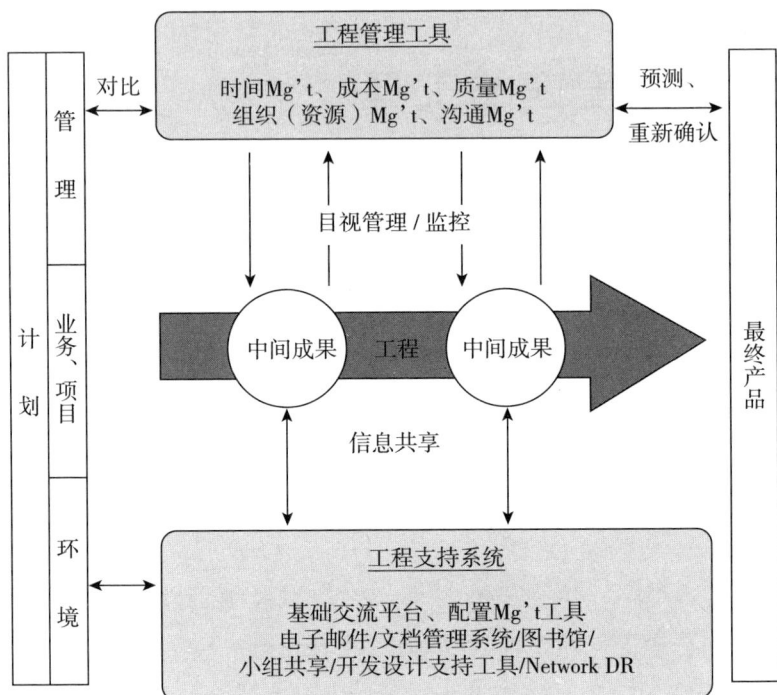

图2-1 工程管理工具和工程支持系统

工程管理工具

时间Mg't、成本Mg't、质量Mg't
组织（资源）Mg't、沟通Mg't

对比

预测、
重新确认

目视管理/监控

中间成果 工程 中间成果

信息共享

工程支持系统

基础交流平台、配置Mg't工具
电子邮件/文档管理系统/图书馆/
小组共享/开发设计支持工具/Network DR

管理

计划

业务、项目

环境

最终产品

［注］Mg't＝管理 DR＝设计评审

在本节中，将逐一列举产品开发、设计、建筑物和大型
建筑物、系统开发中通用的工程管理工具和工程支持系统，
具体参照图2-1所示。

在设定"管理方法"时，需要对项目管理领域进行监
控，并选择目视可见的管理工具。 也就是说，在工程中发生
了什么，把握作业的完成度和能率，计划目标之间的对比
等，对于导致问题发生的真正原因进行分析，然后作出合理

的反馈，为了一一实现这些内容，应确定与目的相匹配的工程管理工具。

另一方面，所谓"环境"，是指构筑小组成员能够高效开展业务和实施项目的环境。 例如关于工程进度会议和设计评审的意见交流，或者利用信息网络和网络会议，或者在服务器上保管项目进行到一半时的中间成果和变更历史记录（配置管理），使相关人员之间能够实现信息共享。 就是在所谓的"工程支持系统"中，提前准备并构筑相关人员间的交流基础平台和信息共享的环境。

像今天这样，在有限资源的基础上，为了能够高速并高效地完成高度复杂化的产品和系统，传统形式下依存于工程管理者个人能力的方式已经不再适用。 企业需要根据自身的实际情况选择工程管理工具或进行开发。

2 - 2　工程管理工具的基本功能

大多数项目工程管理工具通用的基本功能参见表2-1。

此外，还有一种附加功能，即"应用日历变更的功能，拟定日程计划，确认与交期（完成日或完成期限）间的平衡"。 这看起来比较简单，似乎是一种理应具备的功能，但实际上能否确切地实现，是作为工程管理工具的必要条件。

为了创造项目产品和服务，需要切实地执行若干项工作和作业，而且需要采用最合理的程序，最有效地配置各个任务和作业。 同时，应将目标控制在限定期限内，为了确保项目核算，还必须对人员和设备机械等要项进行适当的资源分配和配置。

表2-1 项目工程管理工具的基本功能

①定义构成项目的每项业务和作业要素（任务）
②定义各要素的从属关系和执行顺序等
③根据各要素定义所需的时间、必要资源及按时间轴的量
④定义可用来填补的资源
⑤根据上述定义组合各个要素，模拟预测各要素的实施时期和工程整体所需的期限，以及负荷的发生状况

　　针对这些要求，通过应用项目工程管理工具具备的基本功能，从理论层面上定义工程的构成要素，并从分析日程、资源两方面评价及计划其合理性。 以该计划为基础，对工程的进度进行监控，与此同时，针对项目的完成进行统一管理。

　　另一方面，有观点认为：项目能否成功取决于项目管理。 此外，参与项目的成员构成和组织方式也会对项目产生深远的影响。 特别在最近，拥有各种不同背景、文化及价值观的人参与到项目中，这些人员间的技术水平和沟通能力差异将对项目产生什么样的影响也是项目管理的重要课题所在（参照图2-2）。

　　此外，为应对业务发展动向，项目构成课题本身也面临

048

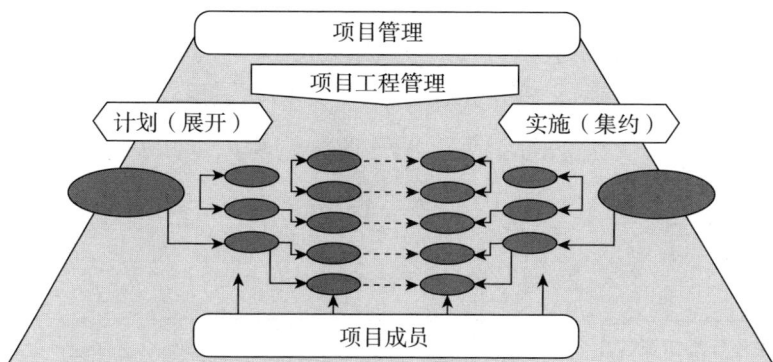

图 2 - 2　项目存在的前提

着越来越多的挑战和更高的风险。　还有，应考虑全球分散网点的实际情况，包括国外的项目相关方在内，应在达成统一意见的基础上推动项目发展。　这种符合环境要求的项目工程管理的构成方式也将成为今后的课题。

2 - 3　工程管理工具的有效性

　　如前所述，客观环境对项目的要求和标准日趋严格；与此同时，项目产品问世的时机也变得重要起来。　为了实现项目日程的预定目标，人们对工程管理工具的期待与日俱增。

　　应用工程管理工具的目标参照表 2 - 2 所示。

　　将这些内容整理后可归纳为下面几点。

　　①模拟实验。

②可视化。

③信息共享化。

其中，可视化一项最为重要。 在具体进度情况无法以实物或形式表现出来的项目工程管理中，需借助工具使其直观化，这对于多人参与的项目极为有效。

表2-2 工程管理工具的优点

工程管理工具的5个有效性
①通过演示计划阶段的必要资源和日程达到提高计划合理性的目的，而且，其结果能够进一步提升计划的准确程度
②切实、迅速地掌握项目的实际状况。全盘掌握工程管理的必备基础事项
③通过目视管理，在项目相关人员间实现信息共享和认同意识
④更快地收集一切相关信息，选择恰当的时机，向项目负责人下达内容明确的指示
⑤应对项目进展过程中的追加任务和进度计划，使与这些内容相关的变更和通知更容易被执行

可视化对于依赖个人能力和思考的人员参与型的工程的特征而言，是一种杜绝其模糊不明确现象的手段。 而且，只要可视化工具能够达到使管理项目定量化这一点就可以。

可视化是一种与信息同步共享的手段。 项目的复杂程度越高，"非某人不可"的项目运行状态的风险就越大。

像这样，通过应用体系化的项目管理方法，以沟通无障碍化为目标也是工程管理工具的关键所在。

2 - 4　工程管理工具的使用方法

一般来说，提起工程管理工具，市面销售的项目管理软件数不胜数。 原本的项目管理中有很多是管理的项目，而市场上销售开发的软件大多是以日程管理为中心的。

因此在本节中，特列举一些具体的以日程管理为中心的项目管理软件。 关于工程管理工具的应用方法，仅针对其要点部分进行集中论述。

以项目管理为目的的市售软件有若干种，本节列举的是 Microsoft Project（以下简称 MS - Pj）。 下面，让我们一边对照其操作界面，一边学习如何使用工程管理工具。

（1）定义项目信息

启动 MS - Pj 后，出现图 2 - 3 所示的空白表格。 利用该空白格式，对与项目日程相关的信息进行定义。

空白格式，即项目中包含的工作一览表。 通过用下面的要素分别定义项目的管理对象——即工作（在 MS - Pj 中称"任务"），做好以项目管理为目的的前期准备工作。

图 2 - 4 是项目信息格式演示画面。 通过图中所示项目，对构成项目本身的基础信息进行定义。

选择项目开始日或结束日之一为基点进行定义。

①开始日。

②结束日。

③日程基点。

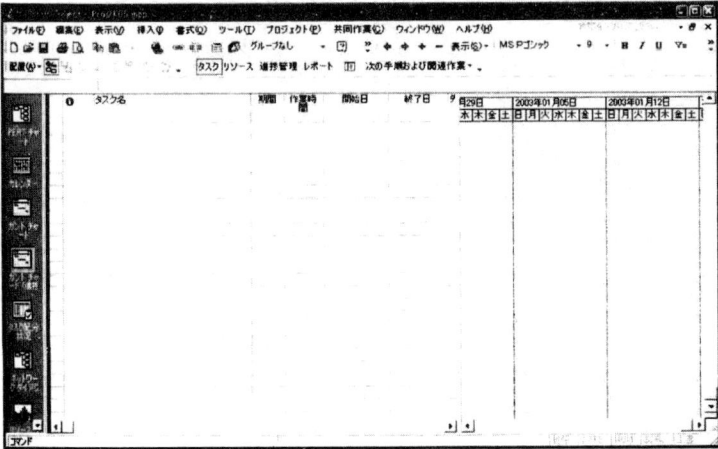

图 2-3　Microsoft Project 空白表格

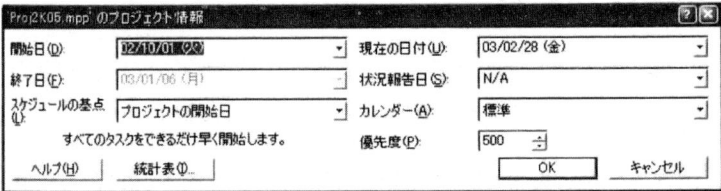

图 2-4　MS-Pj 项目信息格式空白表格

④设定日历。

就是设置可作为作业日期的日期，有多种可选方式：如日历中的正常工作日的情况，休息日也是作业日的情况，24小时连续作业和夜间作业的情况等。可以通过项目的紧急程度和特征对该项目做出判断。

（2）作业要素、关联性定义及步骤

项目定义在某种程度上为自动设定。 首先，最初具体实施的操作就是作业要素的定义。

在 MS－Pj 中，作业也被称为任务。 参照图 2－5 演示画面对下述项目进行具体定义。

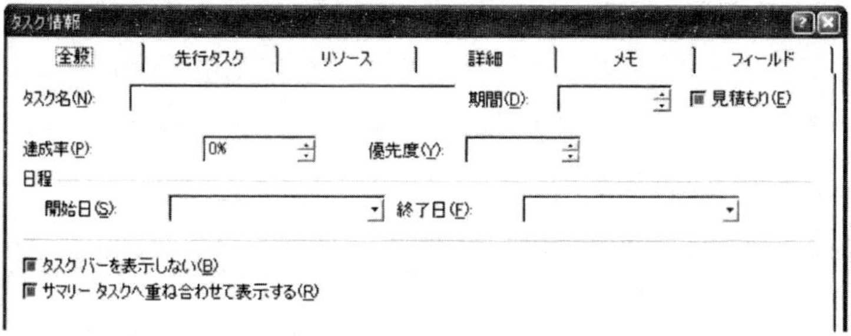

图2-5 任务的详细定义

①任务名。

任务名就是作业要素名，是构成项目的一个个工作和作业。

②工期。

完成作业要素所需的日期数。

③项目开始日及结束日。

④完成率。

这是进度管理用信息。 选择范围从 0% 开始，以 10% 为单位间隔，直到 100% 。

⑤优先度。

数值从 1000 到 0 之间，以 10% 为单位间隔，根据项目标

准（或申请）定义优先度。 在任务日程确定的阶段，负荷必须集中在特定期间，且平均化。 此时，应从优先度低的任务开始行动，这样就能够对负荷进行调整。

在实施项目过程中，该任务作为必须且绝对不能遗漏的项目需要一一列出。

关于任务，下一步等待执行的操作是定义各个任务间的相互关系。 在执行工作和作业时，其衡量标准应以最有效、最合理、能获得最高质量的产品等为优先顺序来考虑。 图2－6演示的界面就是这一内容，具体如图2－6所示。

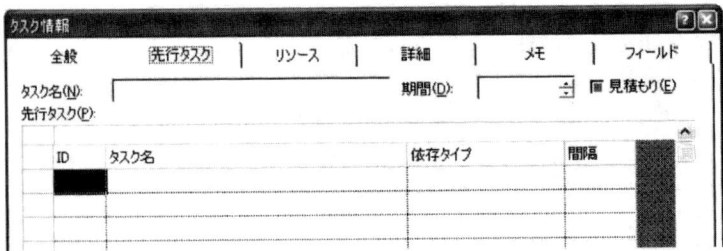

图2－6 任务间相互关系的定义

⑥优先任务。

选择现在任务对象中的优先任务。 这是一种从事先定义好的任务中进行选择的方式，原则是提前完成对所有任务的定义。

⑦依存型。

与优先任务间的关联性。 这可以分为如下几类。

a. 结束——开始（FS）型：优先任务结束后可以开始的

关系，表明优先任务结束是开始的条件。

b. 开始——开始（SS）型：在优先任务开始的同时进行启动的关系。 例如，在记录某项作业的经过或监控等场合采用该定义。

c. 结束——结束（FF）型：在优先任务和结束统一的情况下采用。

d. 开始——结束（SF）型：等待开始结束时采用。

一般情况下，选择 c 和 d 的情况较少。 当把任务的基点放置在结束日时，则需要采用 c 和 d 进行定义，或在对日程计划进行详细研究和调整等情况下采用。

⑧间隔。

定义优先任务和任务间隔时段。 例如拌制混凝土后，下一道工程无法立即开始的情况。

关于任务，还有一个必备要项——即对资源（必要资源）的定义。 资源的定义可参照图 2 - 7 演示界面来执行相关的操作。

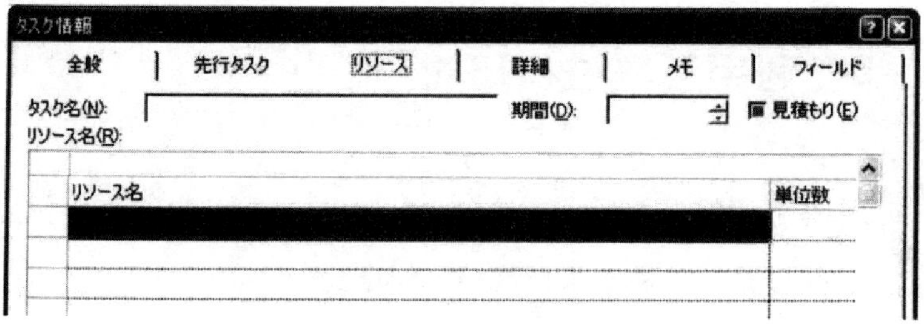

图 2 - 7　资源的定义

⑨资源名。

用合适的资源指定人员、设备、物料等。

⑩单位数。

怎样分配入选资源，以此为单位指定百分率。

也就是说，指定 A 氏 1 个人时为100%；指定 A 氏和 B 氏 2 个人时，各分配50%，或指定任意比例。

该资源通过指定与其他单位时间相吻合的单价，与资源的单位数信息对照后，形成了计算任务中所消耗的成本的基础。

在系统中，除此之外还有关于备忘录等详细信息的演示界面，这些信息大都可以自动转为他用。当然，在必要情况下也可以考虑重新设置。

综上所述，以与每一个作业要素（任务）相关的定义为基础，就可以对工程整体所需的必要工期、贯穿整个工程的人员（工时）、设备能力、项目费用等每个资源的负荷积存进行计算，从而对计划的可行性做出评估。

2－5 利用工具进行研讨

采用工程管理工具拟定计划能得出什么样的结果？ 本节将从工程日程、工程负荷及资源的观点出发进行总结。

（1）了解工程的目标日期及是否能在期限内完成

未按工程管理工具预设的确切步骤制定计划，同时因达成度评价不充分，结果导致在工程实施的过程中发生问题，项目不能如期完成的可能性就会增大。 因此，在拟订计划的时期明确相关问题，对应用工具有好处（参照图 2 - 8 ）。

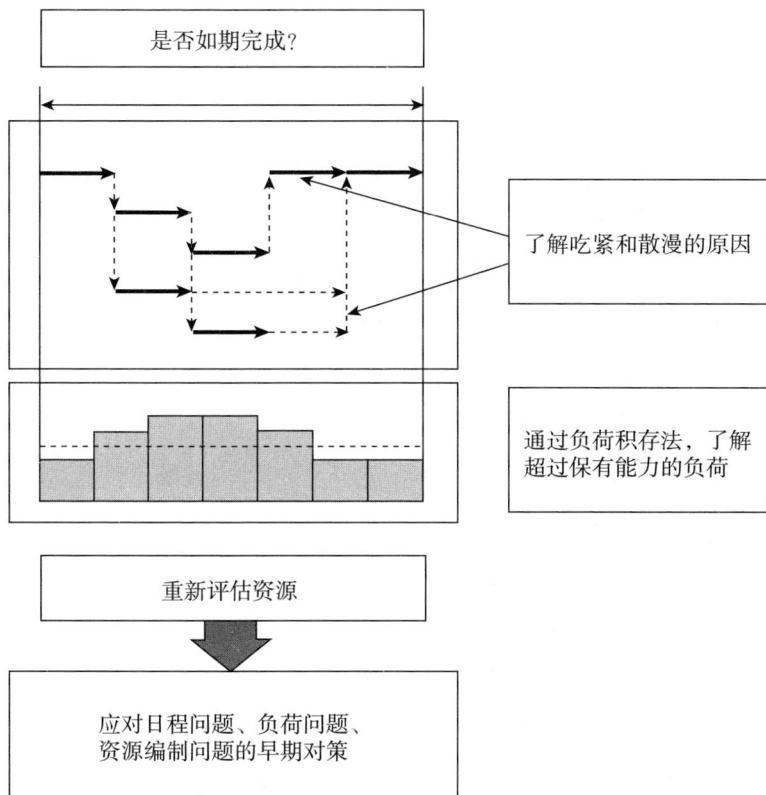

是否如期完成？

了解吃紧和散漫的原因

通过负荷积存法，了解超过保有能力的负荷

重新评估资源

应对日程问题、负荷问题、资源编制问题的早期对策

图 2 - 8　应用排程工具探讨几点问题

（2）了解工程吃紧和散漫的原因

为了使竣工日期提前，首先需要重新审视步骤，尽可能地构筑使生产任务并行的工作流和依存关系。 这时，可以从

中发现那些因前后工程的依存关系无法彻底断开关联，从而不得不确定整体工程的吃紧工程（即瓶颈工程）。 另一方面，还能发现那些因前后工程中的日程变更所导致的散漫工程。

（3）了解因负荷积存导致的超出保有能力的负荷

以各任务中定义的资源为基础，通过盘点各工程的负荷积存，可以了解现有负荷是否超出保有能力。 在以缩短工程为目的增加并行作业的情况下，因生产任务过重，负荷将会进一步增加。 本节在开篇提出的问题，正是出于调整散漫工程中任务的实施时期，将其分配至相邻的前后工程，以获得负荷的平均化为方向的。

（4）重新评估资源

即便如此，整个工程仍无法控制在目标工期内时，应设法重新调整与吃紧工程的生产任务相关的资源配置。 此外，当负荷积存超过保有能力时，还应针对生产任务重新进行资源配置。 当主要预定人员不能到位时，需补充成员编制，从企业外部调集人手。 此外，超过生产和实验用设备的保有台数和生产能力时，需采用外购等方式保证资源充足。

像这样，关于日程、负荷、资源等问题，应通过模拟实验争取及早发现问题，采取必要的对策。 使这些对策能够实行的方法就是使用工具。

2 – 6　工具的使用方法

无论使用独立研发的工程管理工具，还是包括软件包在内的工具，通过对下述几种方法的了解，使用方可以更加自如地选用适合自己的工程管理工具（参照图 2 – 9、2 – 10，表 2 – 3）。

（1）WBS：Work Breakdown Structure

关于 WBS（工作分解结构）已在第 1 章述及，WBS 原本是一种将跨越项目和工程整体的全部工作分解为若干个组和任务，以便更具体地把握项目工作大小的程度，进而逐步展开工作的手法。这时，要求 WBS 必须包含一切必要的作业元素。

应用工程管理工具的 WBS 逐步展开工作手法可以用比较简单的操作来定义细分化的工作任务，此外，它还具有以小组为单位进行编辑和置换的优点。在项目中，对于与某项反复性较强的工作相关的 WBS，只要能按业务功能模式（工作包）把握其动态，就能促进 WBS 标准化，以及使利用图书馆（事先确定的作业小组的雏形资料）的 WBS 的构成更加简单易行。

（2）甘特图法

一种制作工程表和日程表的方法，是用相应的线条长度

059

表示执行的各项任务、任务的开始日期、所需工期等信息的方法。甘特图编制起来比较简单，所以，无论项目管理工具，还是应用表格计算软件制作日程计划，大多采用甘特图为基础进行制作。

甘特图与同类项目管理方法的网络图法相比，因其编制简单，有时可能会影响部分功能的发挥，但是，在工程管理工具的应用中，甘特图完全能够满足同类功能的需求。

（3）网络图法

日程编制方法除甘特图法外，还有一种网络图法。

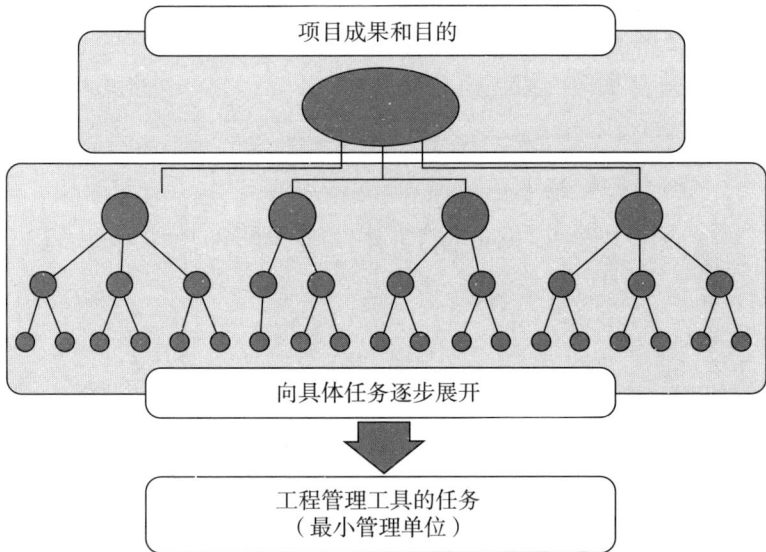

图 2-9 WBS

网络图法分为 PDM 法（顺序图法 Precedence Diagramming Method）和 ADM 法（箭线图法 Arrow Diagramming Method）。

网络图法是一种将任务的前后关系采用图示化进行描述的同时，分析整体日程的方法。 PDM 法用标签形式编制项目活动之间的任务，它是一种除任务名之外，一并表示工期和必要资源数量信息的方法。 ADM 法不具体描述与任务相关的细节信息，但该法用箭线的长度描述工程所需时间，是一种在定义任务依存关系的同时编制日程的方法。 不能用二中择一的观点比较二者之间的优劣，至于适用于何种状况下的项目，应选择其中使用最方便的一种。

表 2-3 工具中应用方法的特点

方法名	特点	缺点
甘特图法	·适用于如采用 WBS 逐步展开作业后，用线条长度表示日程类的新项目和变更较多的项目 ·任务一览表和箭线图表示的区域各自分开，容易在文档中汇总，对这部分汇总的文档内容，无论任何人制定，都能达到同一水平	大规模工程表且制图用纸较大时，箭线图和任务名之间的对应关系不易明确
ADM 法	·如建筑业等在项目启动前已明确一系列关联作业的场合简单易用 ·网络图中的箭线上标注有任务名，即使在大规模工程表上也一目了然	制作网络图时，要求必须对工程的配置计划和整体平衡具备经验
PDM 法	·网络图中包含任务名和定义任务的所有信息，只看网络图，就能了解全部项目	对制作该网络图人经验的要求较 ADM 法更高，需专业软件等

也就是说，甘特图法适合规模小、A2 单元格的状态能够让人一目了然的工程。但像一些大规模工程，例如室内装修贴壁纸时采用的工程表，甘特图法描述的任务名很难懂，而且不好用。PDM 法是一种在网络图中编制全部工程信息的方法，但从信息量的多少和编制用纸的大小来说，人工操作基本行不通，因此，必须应用专业软件。

ADM 法可以看做是这些方法的折中选择，ADM 中既包含网络图，又标注了任务名，但更详细的数据则需参考其他资料。

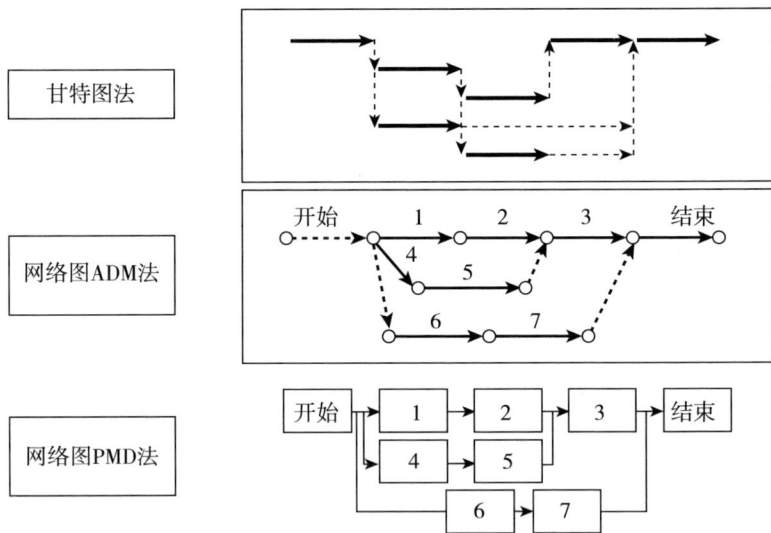

图 2-10　甘特图法和网络图法

另一方面，在工程管理工具尚处于定义最初任务的阶段时，还无法考虑选择哪一种图示法。采用同一数据制成甘特图或网络图，从图表显示的角度进行评价的话，甘特图直观易用，且编制灵活；但交付印刷时，考虑到工程整体的规模，就需要指定甘特图或网络图之一后再打印。 这种按各种工具方法的差异分开应用的灵活性，也可以说是应用电脑软件工具的一个优势。

（4）PERT 法

应用前文所述的 PDM 法和 ADM 法等网络图法研究和评价排程的方法是 PERT（计划评审技术，Program Evaluation and Review Technique）所代表的网络方法之一。

1）PERT 的制作步骤和应用要点

①PERT 的制作步骤。

A. 有何种工作。

B. 采用何种步骤实施。

C. 由谁负责。

D. 达成该工作所需的时间是多少。

E. 工作和工作间的关联性。

②PERT 的应用步骤。

A. 制作项目计划书（项目经理）、提交日程表。

B. 制作 WBS。

C. 网络制作（副经理或各部门）。

D. 工期预测。

a. 预测各作业所需的时间。

E. PERT 计算（日程负责人）。

a. 计算关键路径和时间富余量。

F. 探讨缩短工期（工程管理）。

a. 探讨瓶颈工程、交期、各部门的负荷积存。

G. 制作实施工程表。

H. 实施和流程。

a. 核销作业结束、修改瓶颈、预测完工日期。

b. 月进度报告书。

c. 工程会议。

表 2-4　网络图常用图示符号

NO.	符号含义	图示法	一般叫法	说明
1	作业 （业务）	——→	作业 （Activity）	表示作业及业务内容本身，箭尾表示作业开始、箭头表示作业终止
2	作业的起点 或终点	○	事件 （Event）	表示作业的起点或终点
3	模拟作业	……→	假设作业 （Dummy）	表示事件前后关系的假设作业，日期、资源等数据不必要
4	最长路径	——→	关键路径	表示网络图中的最长路径

2）PERT 的图示符号

网络图中使用的符号含义参照表 2-4 所示。

3）PERT 的写法和规则

见表 2-5 的汇总。

表 2-5　PERT 的写法和规则

NO	作业	写法	说明	基本规则
1	单一作业	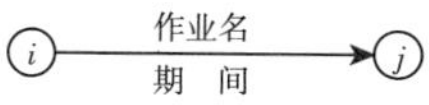 ⓘ —作业名 期间→ ⓙ	各作业前后必然跟随事件，填写事件编号。	事件编号间的关系必须为i<j。
2	作业的顺序关系	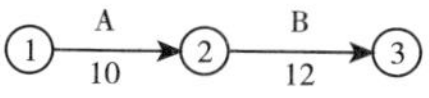 ①—A 10→②—B 12→③	A结束后，B开始。	优先作业未全部结束时，下一作业不得开始。
3	作业分解	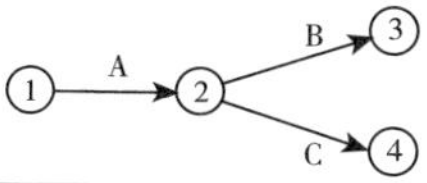 ①—A→② B→③ C→④	A完成后，B作业和C作业同时开始。	
4	作业合并	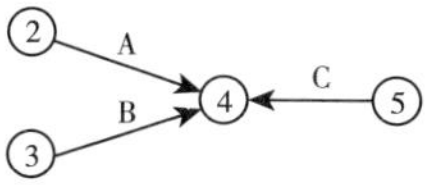 ②—A→ ③—B→④—C→⑤	A和B完成后，C开始。	优先作业全部完成后，下一作业开始。
5	独立作业和从属作业	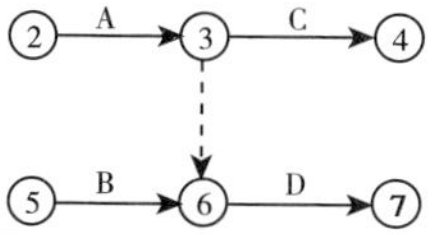 ②—A→③—C→④ ⑤—B→⑥—D→⑦	C在A完成后即可开始，但A和B未完成时，D不得开始。	假设作业（即D）代表工作的前后关系。
6	并行作业描述	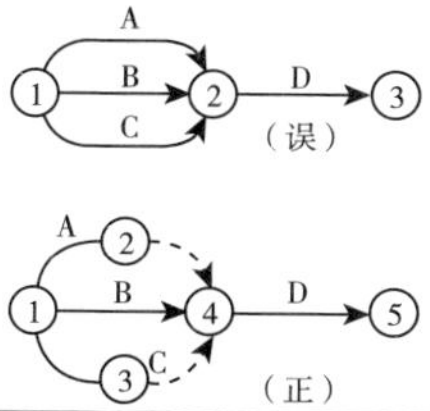 ①⟨B,A,C⟩②—D→③（误） ①⟨A,B,C⟩②④⟨⟩—D→⑤（正）	上图错误，表示同一事件间有数项作业。下图正确。如图所示使用假设作业。	两个事件间只能填写一个作业或一个假设作业。
7	完成日期的规定	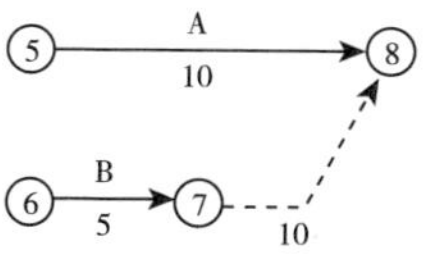 ⑤—A 10→⑧ ⑥—B 5→⑦⤏10	A作业结束前的10日之内，B作业必须完成。	
8	网络图的起止点	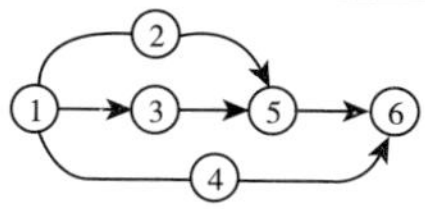 ①→③→⑤→⑥ ②④	网络图从①开始，到⑥结束。	网络图的起点、终点各为一处。

（5）关键路径法

关键路径法原先是一种与 PERT 相同的网络法之一，即 CPM（Critical Path Method）。所谓关键路径，是指在采用网络图法进行排程时，确定工程整体所需工期的特定路径或路线的意思。CPM 是一种找出确定这些整体内容的特定路径，通过重点投入资源等方式改善工程，以最小限度的成本达到缩短工程整体日程为目的的方法。现在，即便不特别强调 CPM 这种提法，以关键路径和消除瓶颈工程为重点课题改善工程已经成为一种常识化的思考模式，但对 CPM 尚需进一步详细分析和验证。

（6）EVMS

EVMS（挣值分析法 Earned Value Management System）是一种进度评价方法。

它是一种在项目进行过程中，以该进行时段的进度信息为基础，计算结束点的工期和产生的成本，并推动项目采取必要应对措施的方法。这是一种以应用软件工具为前提的方法。

项目进展是执行一项又一项作业的过程。项目进度就是确认作业结束和到作业结束为止累积花费的实际成本。

当实际花费的成本超出计划值时，应该认识到成本花费超出计划，如果该状态持续，到项目结束时可能超出预算，这是一种项目的恶性状态。另一方面，工作进展迅速，可能比预期提前竣工，这是一种项目的良性状态。 两种观点恰好相反。

因此在 EVMS 中，除了实际花费的成本外，应对已完成作业的计划成本，即预算的数额进行计算，然后对二者进行比较评价。 以此判断工程进度是否滞后，是否符合预算成本等。

在描述现有生产成本的时间推移图中，有一条以计划为基础编制的完成预算的生产线。 与此相对，需提交某一时段的实际数额报告。 这是因为以计划值为衡量标准，既有超过该值的情况，也有低于该值的情况，这一点，通过对比日程差异就能明白。

毕竟，项目的实际业绩未必能按计划工期和所需工时进展。 管理的对象应定位于分析预算和实际业绩之间的差异情况。 EVMS 正是一种能够有效把握其定量的方法（参照第 4 章的相关论述）。

2 - 7　不能熟练操作工具的原因是什么

各种工程管理工具经过反复改良，成为完成度很高的产品。 但另一方面，在实际应用过程中，当试图提高其应用效果时，仍然留有一些需要解决的问题（参照图2 - 11）。

关于工程管理工具的基本功能已经在前文述及，在计划阶段时期，其基本功能是对生产任务这一作业要素进行定义；对各作业要素间的依存关系进行定义；以这些定义为基础，确认整个工程能否控制在目标期限内，以及发生的负荷是否在保有资源能给予补充的范围内；实施必要对策，确认计划的合理性，并对这些内容给予支持。 在进度管理阶段，其基本功能应以报告为基础，在工具中逐项输入每件生产任务的完成情况；根据结果确认是否对最终交期及资源制约产生影响。 这就是应用工具进行工程管理的方法。

按照严密的逻辑关系构成的工程管理工具的应用也是一样的，当生产任务以千或万为单位进行计算时，每一个任务的定义、工具应用阶段的进程输入等，所有这些操作只需轻松点击一下电脑的鼠标，其数字就会翻至数倍。

对于任务间的依存关系，除了最初定义的依存关系外，实际工作中还有若干种方法。 这时，需要根据具体状况对工程进行细微的修正。 如果负责工程调度的项目主管或责任人对工具的操作方法不熟悉，那么仅此一项就会花费很多精力。 这种情况经常发生。 人们无法将精力集中在分析探讨工程管理的核心内容上，最后只好放弃使用工程管理工具。

对于这些问题，只能尽量增加操作者接触工具的机会，除了让他们熟练工具的应用之外没有更好的办法。

以终端用户、计算机信息处理等概念为基础的微机应用具有一般性倾向。 那就是"使用者亲自上机操作，使用微机和软件系统提供的功能和服务"的思维模式。 例如，日本铁路系统定期票的销售和飞机票预约等服务，就是以"使用方输入必要数据后获得相应的服务"为出发点研发而成的。

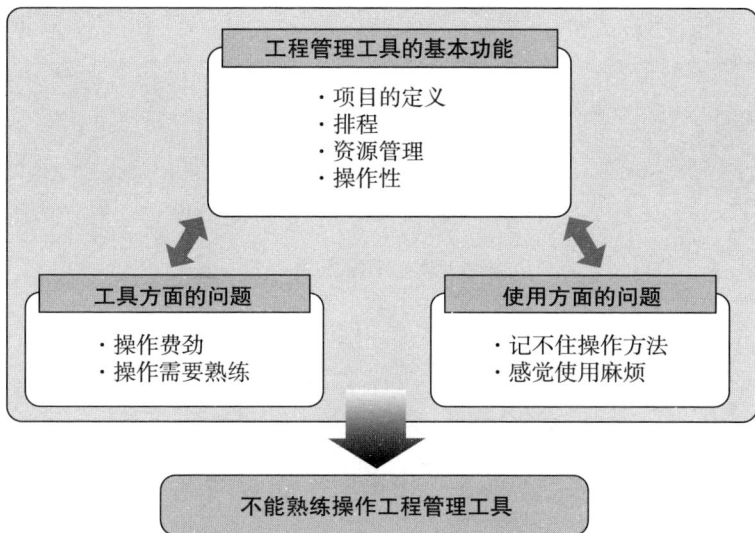

图 2 – 11   应用工程管理工具时的课题

工程管理工具的应用也是一样。 在确定使用某种工具后，项目相关人员应根据各自承担的责任和责任对照的任务信息，自行输入数据后进行跟踪调查，这才是工具应用的基本操作形式。

2 – 8   工具的应用规则

关于工程管理工具的应用，我们经常会听到类似的提法， "每次需要考虑的事情太多，因为使用工具增加了我的工作量"，"工具关于目标定义的方法以及现状评价方法的定义模糊不清"等（参照图2-12）。

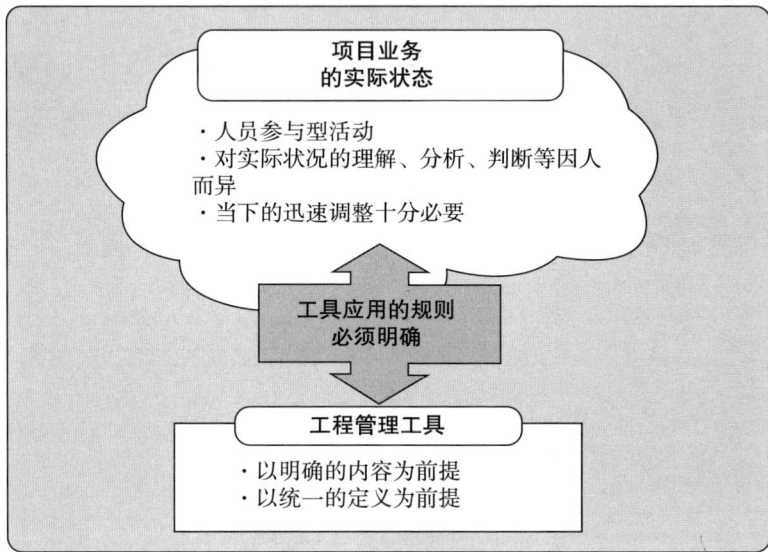

图2-12 规则不明会带来麻烦

工具先给出了任务的定义，接下来这个任务应该怎样界定呢？ 按什么程度单位的大小来界定呢？ 按 WBS 的思维模式分析，它对作业元素大小的衡量如下：一般情况下，项目相关人员对其作业的量和质，以共同的认识为单位来考虑。但是，在工程管理中，有时也会参照时间的绝对值。 也就是说，把1天为单位和半天为单位设定为衡量的最小单位，低于该单位的具体事件不再列入工具。 此外，应明确从上游工程到下游工程衔接过程中，具体操作者责任分担发生变更的要点问题等，对于涉及项目特性的任务所做的定义，需提前确定其相关准则。

关于确定所需工期和所需工时的方法也一样，如果在应用工具前没有明确相关的指导原则，那么，在针对每一个任务进行探讨时，项目在起步阶段就会受挫。在现实情况下，大多采取累积计算法，以及将项目的整体期间和预算分摊至单个任务的折中方案，但是，即使采取这类确定方法，也需要固定的步骤和规则。

工程进行过程中最重要的规则莫过于进度的定量化。例如定义进度的方法，在工具中从 0% 到 100% 之间，以 10% 为衡量单位。那么，这里的 10% 具体指工程的什么状态呢？50% 又指什么状态呢？如果事先不确定好规则，煞费苦心设计的功能就无法得到有效的利用。此外提供一点参考，按常规来说，我们把工程进展到一半的状态定义为 50%，这样的定义的确不存在争议。但是，仅仅就这个 50% 的数值，在周围人看来，实在无法认同。也就是说，项目周边的利益相关方更希望看到下述确切的进度信息：项目正式启动的时段（例如 20% ~ 30%）；某区段的作业完成，从这时起到最终确认，进入汇总的时段（例如 80% ~ 90%）；要对这些时段进行明确的定义。

只有当操作者实际使用工具时，传统思维模式中任由事物在模糊不清状态下进展的不合理性才会浮出水面。一般来说，系统是不会接受"模糊不清"的状态的。另一方面，在

071

以人为中心参与的工作中，上述状态会趋向哪里，其状态不至于引发问题就相安无事。持有类似想法的情形是存在的。但是，当客观条件需要更有效、更迅速地创建工作流时，类似的模糊不清的状态必将成为绊脚之石。

2-9　管理的目的意识

　　工程管理工具不能固定的原因之一还有一个重要的问题，这就是对项目进行管理的意识层面的问题。

　　在现实情况下，存在对工具本身随意使用的问题，对操作不习惯的问题，之前的规则确定问题等，解决每一个问题都需要投入相应的时间和人力。首先应该确定的问题是：明确应用管理工具的目的和意识。其核心就是对管理的根本看法。

（1）项目相关人员之间的双向交流和反馈

　　工程管理是以具体的案件和项目为对象，拟定最恰当的工程和日程计划，分配资源，在掌握进度状况的同时，如有问题尽早解决，将问题引发的损失控制在最低限度的一种方法。这时，管理的职责就是：把握实际状况，看清问题结构的本质，确定决策。

　　管理的应用是通过来自生产第一线的报告，按照认识问题、把握状况、制定决策的流程来进行的。其中，工具的作用是什么呢？

　　制作来自生产第一线报告的工具有其运用的方法，但是，如果仅将其作为一种信息系统使用未免可惜。企业信息系统应通过相关人员之间的信息共享来实现能够迅速采取行动的目的。项目经理应把能够经常共享生产第一线的信息作为前提，在此基础上明确管理的意图，这样，就能在相关人员之间就应用工具的目的达成一致认识。项目经理不能一味指示，项目负责人也不应一味执行，而是建立一种具体的"可实现结构"——即实现双方向的持续沟通和反馈的组织形式，这可以说是制胜的关键。

（2）管理的责任

此外，管理不仅需要关心每一个具体的项目，还要明确企业的方向所在，提出每一个项目在企业的目标中处于什么样的位置，激励生产第一线的责任人更加努力。

事业和经营目标具体以什么样的形式实现，每个企业均有其各自的操作方法，例如所谓的企业经营中期的计划和年度计划。为了实现企业的这些目标，可以说设定每一个项目的目标和设计评审的重点也是管理的决定事项之一。例如，以生产销售一体化企业为例，在拟定提高客户满意度这一经营目标时，每一个项目应该实施什么样的重点决策，在现实情况下应该怎样实施，会得到什么样的结果，需要逐一明确这些内容。一旦受阻，必须从经营目标的设定阶段开始，审视最初设定目标的意义和吸引力，所以说，这些内容都属于系统和工具以前的课题。

（3）理解和学习项目工程管理的方法

作为方法论而言，项目工程管理方法存在理解和学习能力的问题。 在引进各种工具前，应确定规则和需要认识的信息。 这时，应该通过项目工程管理的基础培训，统一相关人员的能力，并在此基础上，使他们理解这种通用语言代表的含义。 否则，设定的规则和工具的应用一定会缺乏合理性。

2-10 工程支持系统的灵活应用

支持工程管理的工具除了以日程为中心的工程管理工具外，参见图2-13所示，还有一些灵活应用信息网络的电子邮件、文档（文件资料）管理工具、群件、调度系统等几种。

(1) 电子邮件

电子邮件具体包括：项目进行过程中的咨询，商讨确认，指示传达等，其作为证据存在的价值较强。 从管理编号的编制方法，到根据邮件内容确定发送方和阅读规则等内容需要逐一确认。

(2) 文档管理系统

在项目进行过程中，需要一面制定数量众多的文档信息，一面不断更新这些信息。 在此基础上，项目得以一步步推进。 所有这些文档均应遵循分类、检索管理、版本管理等固定的规则来执行管理，当项目利益相关方有需求时，应能重新利用。 使这些工作变得可行的就是文档管理系统。 此外，在产品的开发、检测、维修等阶段发生的文档信息和数据记录管理等也具有重要意义。 在系统应用过程中，需要事先明确文档资料在服务器上的保管位置、文件夹名、文件名等规则，另外还需要明确文档修订时的替换规则等内容。

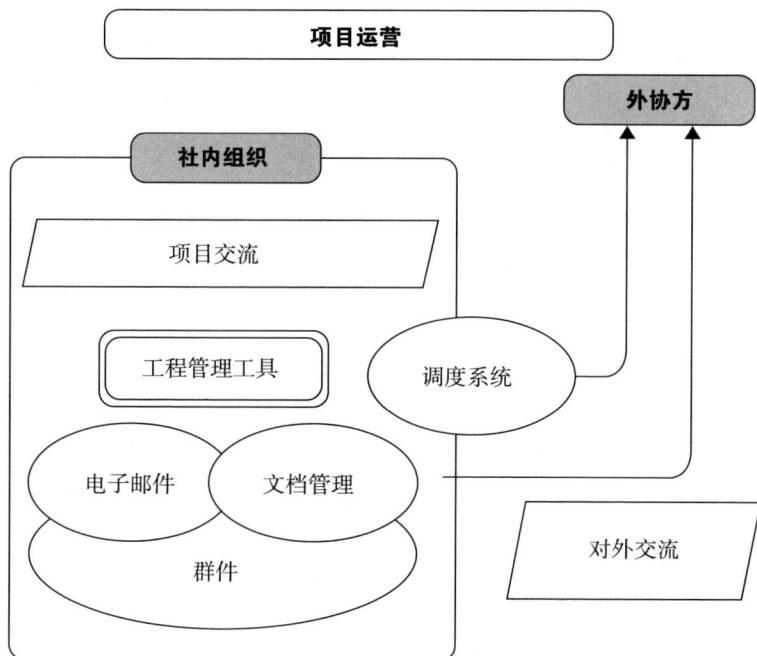

图 2 - 13　工程支持系统的应用要点

（3）群件

包括电子邮件和文档管理在内的功能，作为一种群组实现协同信息共享的软件，就是群件。 群件借助公告板和数据库等实现信息共享环境，它作为一种运营项目组织的工具而得到广泛应用。

（4）调度系统

在项目进行过程中，可能向多个转包商发起订购。 如项目管理指导原则（PMBOK）中称为"调度"的管理领域所示，调度业务是需要重点管理的领域。调度系统种类多样，但被采用的衡量标准有几项：其一是需求规格书的电子化；其二是提供调度状态信息，应利用一种能够应对调度部门的确认和订购部门发出的确认的调度系统。因此，也可以将电子商务交易平台视为调度系统之一。

2-11　工程管理工具的应用要点

在探索新工程管理模式的基础上，怎样有效地应用工程管理工具，关于这个问题的探讨不可或缺。其实到此为止，关于这一点已在本书的论述中分散地提及过，下面将相关内容汇总后一并列出。

应用工程管理工具的目的如下：在必要的时间，向必要的人员提供工程的实际状态；项目相关人员之间应取得共识，促进相互间的交流，以此力求更高效、更高水平地实现工程管理的功能。工程管理工具以具备上述功能为前提，最后，工具具备的如下几种便利性能得到何种程度的充分应用，这个问题取决于使用方的情况（参照图2-14）。

（1）纸质信息源转化为电子信息的便利性

在推进项目和业务工程的过程中，相关人员之间需要进行各种各样的信息交换。例如计划和与计划相关的报告，确认报告，指示信息等，传统习惯中以纸质信息形式出现的

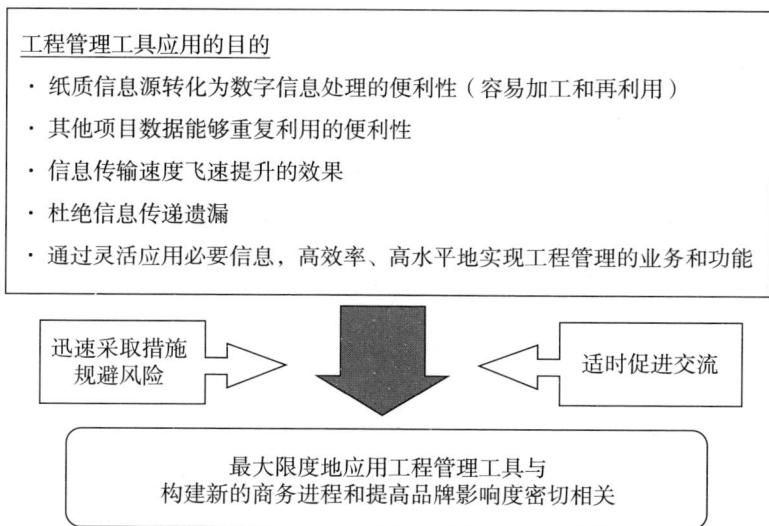

工程管理工具应用的目的
- 纸质信息源转化为数字信息处理的便利性（容易加工和再利用）
- 其他项目数据能够重复利用的便利性
- 信息传输速度飞速提升的效果
- 杜绝信息传递遗漏
- 通过灵活应用必要信息，高效率、高水平地实现工程管理的业务和功能

迅速采取措施
规避风险

适时促进交流

最大限度地应用工程管理工具与
构建新的商务进程和提高品牌影响度密切相关

图 2-14　工程管理工具应用的目标和要点

计划和报告采用固定的格式，完全属于纸质媒介信息。 另一方面，电子信息计划和报告像"Microsoft Project（MSP）"法那样，是根据任务定义这种要素分类给出定义的信息，再根据需求制成甘特图或网络图。 此外，还可任意选择描述范围。 其数据形式为电子信息，因此可以制成灵活性很高的信息加以利用。

（2）其他项目的数据能够重复利用

毋庸置疑，电子文档等数据的重复利用也是工程管理工具的优势之一。

一般来说，在项目和业务运行过程中制定的文件大都具有反复性的特征。 例如，购置物料时使用的规格书等文档，

077

其按物料种类登记的项目格式是固定的。 这时，当然应该主动重复利用该文件数据。 这样做是因为与业务整体的标准化和提高业务效率之间存在一定联系。

从管理角度出发，重新利用其他项目数据的例子如累积工时和费用等实际业绩数据，并重复用于统计工作。 这样做能够提高预算的精确程度。 还有与产品质量相关的问题信息，例如对每一个质量问题导致的状况的掌握和原因分析，对策立案和验证等。 换言之，这些信息大多具有与专有技术同等的高价值。 进一步分析工程改善和对产品做出的改良、新产品开发等，再将这些信息反映到下一个课题中，其价值将会进一步攀升，而且能够作为信息灵活应用。

（3） 信息传输速度的飞速提升和传递遗漏的消除

项目和企业活动属于组织性活动，参与者之间的信息传递非常重要。 通过利用网络环境的电子邮件和文档信息的传输，使并行的信息传递和超越距离限制的信息传输成为了可能。

此外，通过文件不仅能实现信息传递，还能借助画面、声音、Fresh 动画等手段，使信息传达的初衷——取得共识所具备的意识层面上的信息传输发生质的提升。 电话会议的确使获得超越距离的实时共识变得触手可及。

（4） 工程管理功能的高度化和商务进程的重建

提高信息传输速度如果仅仅以提高速度为目的还不够充分。 如果不能及早捕捉信息，与早期决策或行动等联系起来的话是没有意义的。 例如，进一步把握发货指示和入库指示的时机，缩短项目的进度管理和经营计划的周期，构建能够经常应对状态变化，或符合经营策略的最恰当的工程运营和项目进程的衔接等，这些至关重要。

换句话说，需要当下运转中的工程处于最佳运营状态，下一步亟待实现的工程为最优配置，并且能够构建二者之间同时并行的体制。 这个问题可以通过充分应用工程管理工具的功能来实现。

例如，在零售业和流通业中，通过对 POS 的利用，迅速把握店铺中的商品动态，并将该动态反映到商品的开发、购入和陈列等情况中，始终致力于满足客户需求，建立商家与客户间的信赖关系，努力提高客户的使用度。 怎样在实践中利用这些信息来改善经营模式和灵活应用工具，将在今后成为越来越重要的课题。

第 3 章
制造业工程管理

在本章中，将针对从制造业中发展而来的工程管理（涉及工程管理在其他产业领域中的应用），在明确其概念的同时，围绕其基本内容进行阐述。

3-1 制造业的环境和工程管理的基本功能

工程管理不仅局限于制造业，还存在于建筑业和农业中。但是，如果将工程管理的对象过度扩张，可能导致概念混淆。因此，本章主要围绕制造业和建筑业来展开阐述。

（1）工程模式

提起制造业，可以分为下面几种不同的类别。

①造船业类的单件订货型制造业。

②汽车、家电等批量生产型机械组装工业。

③钢铁、化学等装备工业。

将这些类别分开考虑将更有助于理解。原因是什么？因为制造业工程管理的运作模式，根据这3种不同的类别差异很大。

图3-1为制造业工程的典型模式，一般情况下，零部件加工属于直线型模式，各工程使用的机械设备不同，经济层面的产量和工程间的生产速度也不同，因此需要进行相应的调整。装配加工属于零件加工的集约化模式，因此集中零部件必然成为管理的要点。

化学工厂，例如石油产品等大多属于原料型模式，因此，其最终产品的品种多样性（变化）和工程设计就是工程管理的核心。

本章的主体构成以批量生产型制造业为研究对象。因为造船类单件订货型制造业与建筑施工类产业及其工程管理模式相类似，所以将这部分内容独立列出，放在本章最后一节的单件订货型工程管理中进行说明。

产业革命后的制造业是在完成设备投资后招募作业人员的。也就是说，在构建生产系统后，根据产品的订购情况决定是否投入生产，或在预测市场需求的基础上启动生产。因此，在批量生产型工厂中，设备计划基本上已经结束。当投入新产品，进行工程改造，扩建新厂和增设生产线时，才诞生新的工程，继而引进新设备。

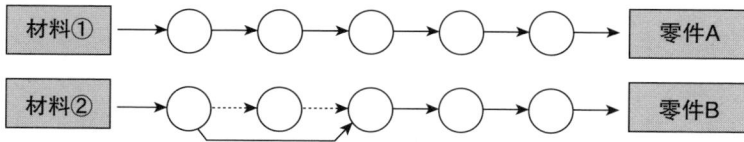

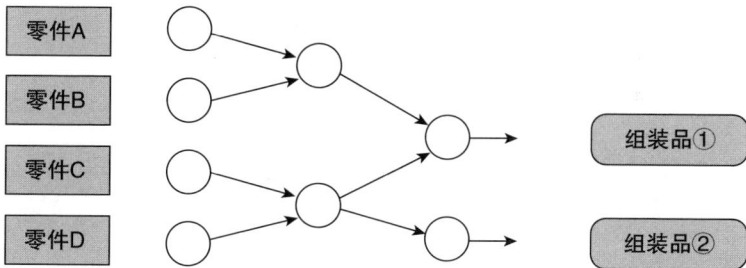

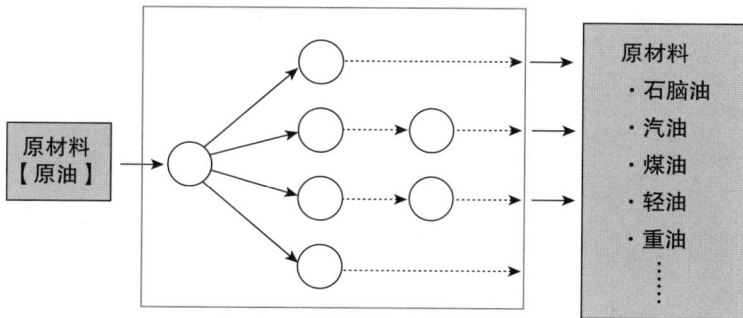

图 3−1 制造业工程的典型模式

083

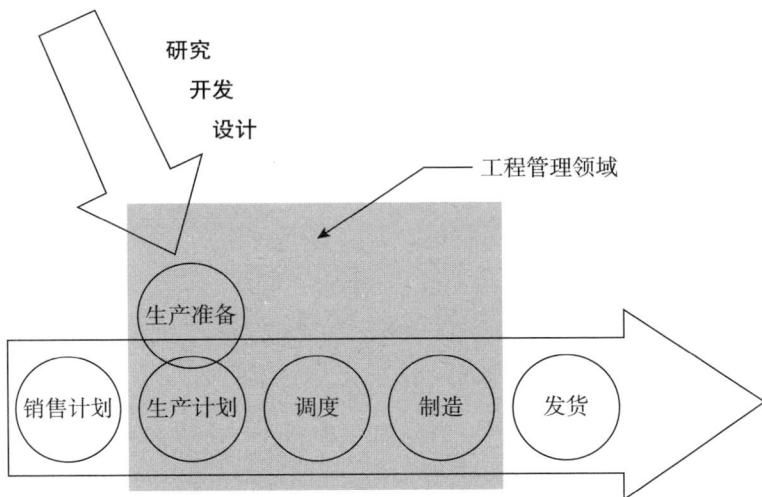

图3-2 生产活动的2种流程

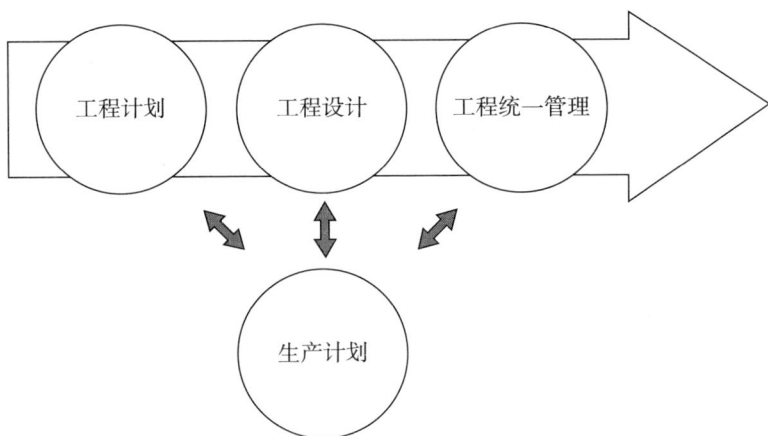

图3-3 制造业工程管理的基本功能

（2）工程管理的领域和范围

在制造业中，一旦确定尚待制造的产品，第一步就是以制造产品所需的机械设备为重点拟定计划，这就是工程计划。 像这样，在构建起来的工程——即在现有的某生产系统中投入开发产品。 因此，在制造业中构建新的工程发生在新产品开发及加工工艺出现变更的情况时。 新产品开发和生产系统之间的关系参见图 3-2 所示。

制造业中产品的生产需要经过从原材料到加工等各种工程。 所谓工程管理，就是通过管理该产品加工的过程，在交货期限之前，以尽量提高生产效率为目的而进行的管理。 因此，工程设计必须满足高效且高质的产品要求。

工程管理的功能如图 3-3 所示，分为工程计划、工程设计及狭义工程管理意义上的工程统一管理等几项。

这里的"工程"一词的英文直译是"Process"，工程管理字面上的表述为 Process Control，但 Process Control 还有一层工程控制含义，而这个英语单词并不等同于工程管理。 正确地说，工程管理的英文译法应为 Production Control。

3-2 生产管理和工程管理的区别

与工程管理类似的用语是生产管理。 虽然在某些场合下，生产管理用于与工程管理相同的意思，但在本书中，把生产管理和工程管理区别开来，生产管理涵盖的范围更广。

也就是说，与工程管理所指的制造工程计划和统一管理的概念相对，生产管理指从接受订货到设计以及产品输送在内的整个生产过程的管理。

生产管理包括下述几项管理。

①产量管理。

②质量管理。

③成本管理。

④交货期管理。

⑤库存管理。

⑥采购及外购管理。

⑦其他。

在上述内容中，①②③④与工程管理直接挂钩。

（1）生产管理

即生产计划和管理，是指以接受订货或销售计划为基础的生产计划，库存计划和运行模式。在工厂中，以对产品的管理、能力计划、运转率及库存管理为主。

（2）工程管理

工程管理是指对一项工作流程的管理，即对各个工程的质量、日程、停滞等内容进行管理，但也指对工程计划、工程编制、作业计划、设备、工程条件等进行计划和管理。

生产管理和工程管理的定位如图3－4所示。

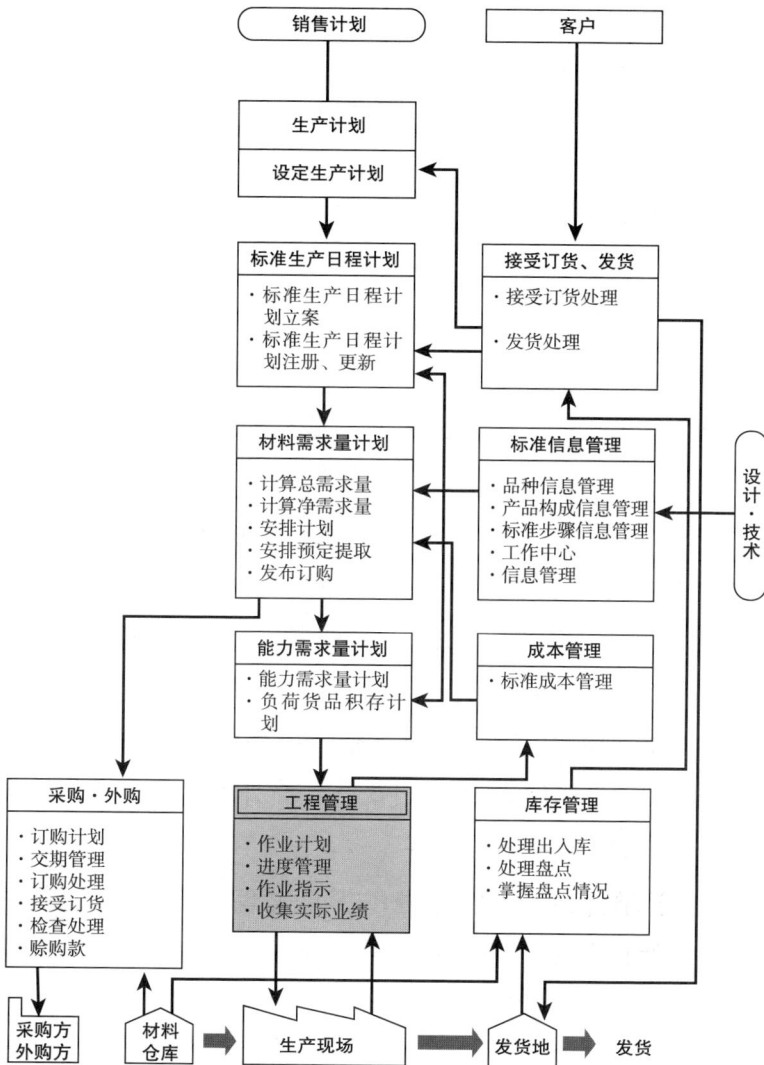

图 3-4　生产管理和工程管理的定位

3-3 工程管理业务的功能

制造业中有多种生产形态和生产方式。 关于这些内容将在下面逐一阐述。 在这里，首先让我们大体看一看量产型制造业和单件订货型制造业工程管理业务的实施步骤（参照图3-5）。

（1）量产型制造业的工程管理业务

企业通过对客户需求情况的预测，拟订产品计划并进行产品开发。 新产品开发一旦确定，即启动产品运行前的生产准备——工程计划和工程设计。 按工程步骤配置生产设备，进行生产试制。 接下来，根据客户需求预测拟订符合销售计划的预定生产计划，对工程进展中的产出和进度等进行管理（工程统制）。 工厂的预定生产计划就是生产系统（事前准备的人员和设备等）的运行计划。

预定生产中的工程计划是指根据产品确定已定义的制造工程应采用何种途径之意。 此时，如有外购途径，则将其制造工程一并纳入选择范围。

（2）单件订货型制造业的工程管理业务

在单件订货生产或定制产品生产中，产品开发并非主体，其主体构成应是产品设计。 单件订购的基本是产品机型，此外，还有增加客户需求功能或规格后的产品及新品设计等。 产品的基本设计通常在预测阶段已经过充分讨论。生产计划则从客户要求的交货期开始推算，拟订核准图、设

<预定生产（反复、量产型）>

计划阶段 —┬— 产品计划 —┬— 产品企划
          │   └— 产品设计
          ├— 销售计划 —— 销售预测
          └— 生产计划 —┬— 工程计划 —— 工程设计
                        └— 实施应用计划 —┬— 资材计划
                                          ├— 设备工具计划
                                          ├— 日程计划 —— 材料筹措
                                          └— 安排及制造指示 —┬— 设备工具安排
                                                              └— 作业分配

实施阶段 —— 制造
统制阶段 —┬— 进度掌握
          ├— 作业管理
          │ 设备管理
          │ 质量管理
          │ ……
          ├— 现货管理
          └— 对策及事后处理

<单件订货生产>

计划阶段 —┬— 产品企划
          ├— 交易预估
          ├— 生产计划
          ├— 产品设计 —┬— 设计计划 ——（大日程）
          │   └— 产品设计 ——（中日程）
          ├— 工程计划 —— 工程设计 —— 设备工具计划
          └— 车间生产计划 —┬— 日程计划 —— 中日程或小日程
                            └— 安排及生产指示 —┬— 材料筹措
                                                ├— 设备工具安排
                                                └— 作业分配

实施阶段 —— 生产
统制阶段 —— 进度掌握

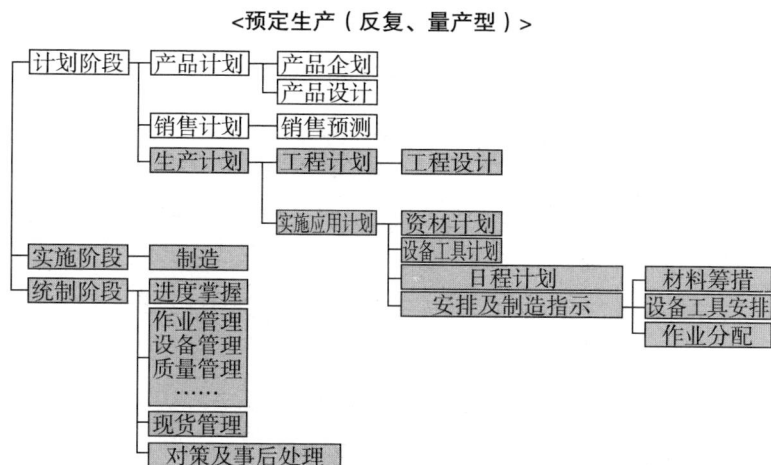

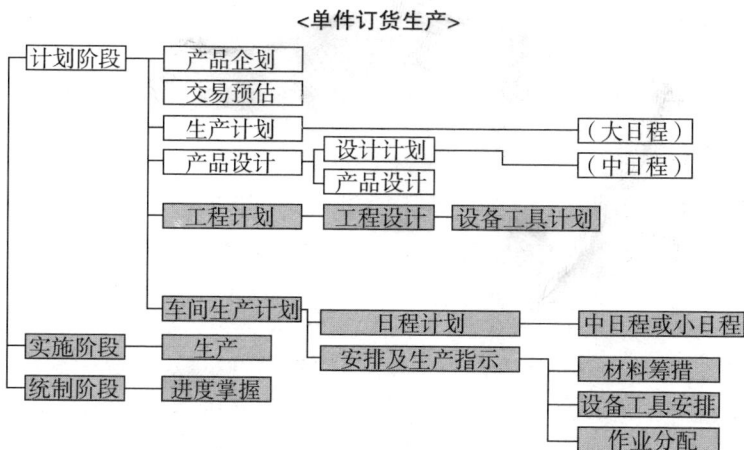

▨ ：阴影区为工程管理的范围

图 3-5　工程计划和管理的实施步骤

计、制造、产品试验、施工及立会检查等大日程。 在该基本计划确定后，进一步按项目类别制订工程计划（中日程）。此外，还要针对现场作业制订周计划或旬计划。

3-4　生产形态和生产方式

即使在制造业中，与造船业等单件订货型制造业，汽车、家电等量产型机械组装工业，钢铁、化学等装备工业一样，订货生产的形态和生产方式也存在很大的差别。如果按其各自的特征分开考虑会更清晰，原因在于制造业工程管理根据其特性不同，操作方式也各不相同。

（1）生产形态

生产形态和生产方式二者常常会出现混淆使用的情况，现将二者特性的概念分开阐述。

所谓生产形态，是根据订货型生产或预计型生产的差别而做出的分类。例如，造船和住宅等客户规格就属于订货型生产（接到订购后投入生产）。虽然不能一概而论，但订货型生产所涉及的对象大多是销售量少的产品。汽车承包企业大体属于订货型生产，但预计订购量大时应选择预计型生产。

另一方面，预计型生产以明确产品的用途、规格及目录为条件。像干电池和清洁剂等销售量大的消耗品，挂历和圣诞节专用品等短时消费量大的产品应采用预计型生产。此

● 各种生产形态

从大的方面来分，生产形态分为订购后生产型和预计后生产型2种。

开发	设计	物料调度	生产		发货	示例
			零件加工	装配		
○	○	○	○	○	订货后	·一般消费品 ·家电
○	○	○	○	订货后 ──→		·汽车
○	○	○	订货后 ────		──→	
○	○	订货后 ────			──→	
○	订货后				──→	·造船 ·建筑
订货后	────				──→	标准用途IC

● 订货型生产

设计	调度	零件加工	组装	发货、交付

ETO：Engineering to Order，按订单设计

接受订货

MTO：Make To Order按订单生产

接受订货

ATO：Assemble to Order按订单组装
BTO：Bulid to Order产品按照客户订单生产

接受订货

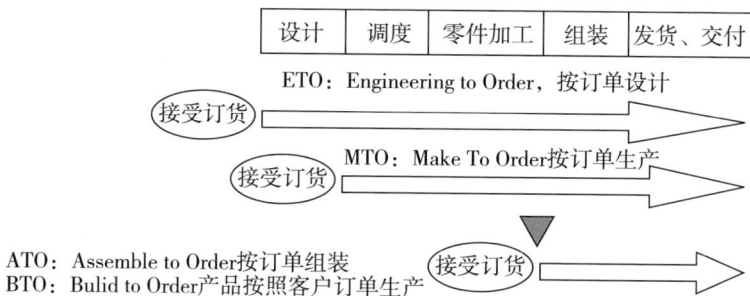

● 预计型生产（MTS：Make to Stock，备货生产环境）

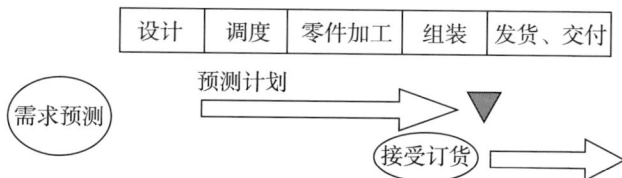

设计	调度	零件加工	组装	发货、交付

需求预测

预测计划

接受订货

图 3-6　生产形态（预计型生产和订货型生产）

外，还有像农产品那样生产周期长的果汁、牛奶和葡萄酒等，因为已经产出，不得不投入生产，这些也应采用预计型生产。

如图3－6所示，预计型生产和订货型生产的差别在于：不仅限于生产，无论通过哪种业务功能订购，都有多种方式可供选择。从本质上说，二者均由企业的销售方针而决定。

但是近年来，MTO式（Make To Order）预计型生产和订货型生产相混合的情况呈增长趋势。例如，在电脑和汽车等行业中，为适应客户的多样化需求，在确定基本机型或标准机型后，再根据客户的具体情况、需求和喜好等因素进行生产。因此，在反复生产时，即使未接到订单，几乎所有的材料和零部件也大多采用预计订购方式。

（2）生产方式

生产方式分单件生产或统一生产，"一个流"生产或批量流生产，连续生产或间歇式生产等各种生产方式。工程管理的基础首先是从认识这些生产方式开始的。

1）单件生产和统一生产

①所谓单件生产，是指接到订购后开始具体的生产活动，它是一种按订货单位生产的方式。如造船、产业机械、家电、建设、桥梁等。

②统一生产是指即使接到订购，也不会立即着手生产，而是先搁置一段时间，等订购统一后再进行生产的方式。

2）"一个流"生产和批量流生产

①在"一个流"生产中，分为大量生产的连续"一个流"生产和单件"一个流"生产2种。大量"一个流"生产与传送带生产类似，经过分工和人工分拣，每个产品才能进入流程生产。例如放在搬运过程中，传送带和扶梯就是"一个流"。

②批量流生产是一种以批次为单位，在生产工程中移动的方式。如冲压加工等，和加工时间对比，准备时间长的就是批量生产。这时，在冲压、机械加工等同种零件的加工工程中，将同批次同时生产的方式称为同期同量生产法。采用炉、窑等容器进行生产的方式也被称为 Batch 生产，但这种方式其实是批量（Lot）生产［Batch 指一次的加工（处理）单位，而 Lot 指物流单位］。此外，卡车和扶梯等按各产品的批次为单位进行搬运。

3）连续生产和间歇式生产（批量生产）

所谓连续生产，是指同一工作在较长时期内进行流动生产的方式，多见于消费稳定，且经过预测能大量生产的情况。如高炉等。此外，筹建生产阶段发生巨额费用的也属于连续生产型。

连续生产分为手工作业方式、传送带机械运行方式、自动化生产线等。输送物料的形态为固体时，采用传送带方式；为液体时，采用泵和管道方式。

一般来说，订货型生产属于少量生产，是单件生产；预

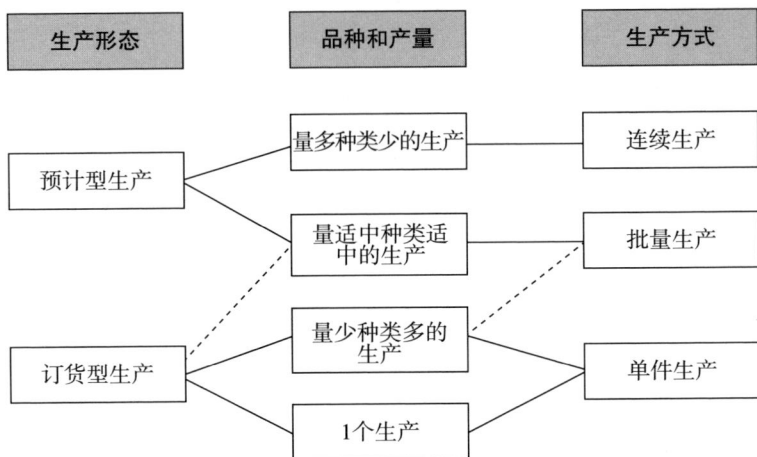

| 生产形态 | 品种和产量 | 生产方式 |

预计型生产 ── 量多种类少的生产 ── 连续生产

量适中种类适中的生产 ── 批量生产

订货型生产 ── 量少种类多的生产 ── 单件生产

1个生产

图3-7 生产形态和生产方式之间的关系

计型生产根据产量情况分为大量生产和中等量生产。 前者为连续生产，后者为批量生产。

图3-7揭示了生产形态和生产方式之间的关系。 实线是常见情况，点状虚线是罕见情况。

3-5 生产方式和工程管理的要点

（1）单件生产的工程管理的要点

单件生产的特征是每个产品的产品规格、交货期限、数量和价格都各不相同。 此外，大多数情况下，每次订购的物料、加工顺序（工程）、设备等也不同。 一般来说，生产设备选用通用机械，按设备的功能类别进行配置，加工品在工厂中转移和生产。 字面上称为单件生产，但未必一个一个地制造，原则上根据订购的单位量进行生产。 工程管理的要点如下（参照图 3 - 8）。

1）交期设定的合理化

交货期延迟时，会发生索赔。 交纳赔款（订购金额×利息份额）是业界的惯例。 如果在缔结合同前，不能对己方的生产能力和生产供货周期进行正确预测，那么，勉为其难的订购导致的风险会很大。

2）确保交货期

需仔细考虑产品规格变更、设计变更、故障等对标准日程产生的影响，并以此制订对策是交货期管理的重点。

3）稳定操作率

一般来说，令接到订单的企业普遍感到头疼的问题是：如何确保操作率。 企业应注重与优质客户保持紧密的业务联系，稳定订购操作，与此同时，还需加强改善企业自身素质的工作。

4）零件的标准化和共用化

通常情况下，订购产品很难实现标准化，但即使如此仍需严格追求产品的标准化。 只要生产工程和设备工具能达到通用标准，就能缩短生产供货周期。

①单件生产 …… 根据订购情况进行各个品种的生产 A. B. C. D. E. D. F. G

②连续生产 …… 在生产线进行 1 个品种的生产 A. A. A. A. A. A. A. A. A. A. A

③批量生产 …… 汇总多个品种进行生产　$\boxed{\text{A. A. A.}}$　$\boxed{\text{B. B. B. B. B.}}$

$\boxed{\text{C. C. C.}}$

④混合生产 …… 多个品种反复生产　A. B. A. C. A. B. A. C. A. B. A

图 3-8　产品的流程

（2）批量生产的工程管理的要点

批量生产是传统意义上的一般操作方式，其特征如下。

①多个品种生产。

②工程系列相近，设备配置可按产品类别进行工程顺序的安排。

③以生产批次为单位生产，通过移动批次单位在工程之间进行移动。

④零件和产品均有库存。

1）生产批次尺寸的合理化

如图 3-9 所示，与产品的命令批次（生产指示数量）相对，在综合材料的供应对策、设备的生产能力和移动批次的基础上，需将生产零件时的单位按最小尺寸进行分割。

2）工程间的同步化和单件准备化

应尽可能减少批次的数量，以应对多品种生产，调节各工程的编制效率（平衡），力求准备时间最短化。

生产批次的大小与工程供货周期相关联。 工程供货周期如下面的公式所示，根据全部工程的总运转时间、准备时间、富余率、搬运时间和标准工程等待时间来决定。

工程供货时间 = （实际加工时间 + 准备时间）×（1 + 富余率）+ 搬运时间 + 标准工程等待时间

（3）连续生产的工程管理的要点

连续生产也称流程式生产。 搬运生产线大多利用传送带或输送线的输送带进行强制性作业。 多见于家电、摄像器材、钟表等一般耐用性消费品的少品种大批量生产的生产线。

连续生产的特征是：分工；工程步骤的设备配置；各工程设有固定的作业速度。 其工程管理的要点如下。

①作业编制和工程平衡：重视作业编制，维持工程间生产线的平衡尤为重要。

②严禁生产线的停滞：在生产线中，为防止出现数量短缺、缺勤、设备故障等引发生产线停滞的现象需要进行严格的管理。 此外，即使生产线发生停滞，应具备及时恢复生产的技术能力。

③外购和零件调度管理：外购件、调度零配件中的数量短缺和质量不良都是扰乱生产线的因素。 因此，应对可交付品的质量和交货期的遵守情况进行监控和评价；提醒交易方注意，敦促其进行改善，防患于未然。

（4）混合生产（混流生产）

即所谓的单向混流生产，这种生产方式是近年来日趋增

097

a. 批次的种类

批次 ┬ 生产批次 ┬ 命令批次（Order Lot）—— 生产指示数量
　　│　　　　├ 加工批次（Working Lot）—— 随时进行作业的单位
　　│　　　　└ 移动批次（Moving Lot）—— 在工程和车间中移动的单位
　　└ 调度批次

b. 生产供货周期（工程的标准日程）

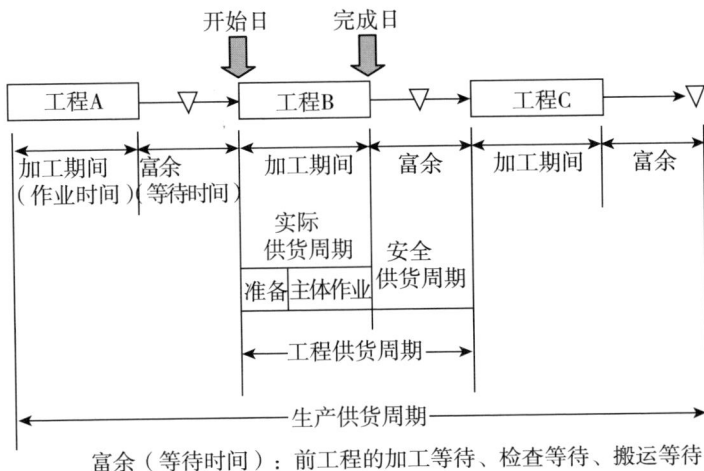

富余（等待时间）：前工程的加工等待、检查等待、搬运等待

c. 采购供货周期

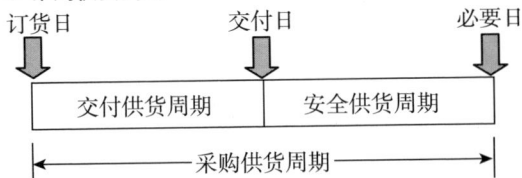

图 3-9　生产批次和生产供货周期

多的一种生产方式。 它分为生产线型和单元型两种，对半成品库存、生产空间削减、缩短生产供货周期等均有不错的效果。

需要注意的是，混流生产需满足：缩短准备时间，零件标准化和多能工化，提高零件质量等条件。 但它也是最容易实行工程管理的一种生产方式。

3 – 6　工程管理者的职责和组织

（1）工程管理者的职责

生产系统由单个工程、构成各工程的人员、设备等要素构成。 工程管理分为单个工程管理和产品流程的工程系列管理 2 种，图 3 – 10 为概念示意图。"工程管理者"是将示意图中的整体工程情况纳入脑海，进行综合规划、监控、调整和指挥的人。 在步入多品种工程管理时代的今天，这种熟知生产现场状况的优秀工程管理者必不可缺。

（2）工程管理的业务

工程管理原本是指在规定的交货期限前，为完成规定质量的产品所进行的管理。 因此，工程管理的功能有可交付品规格管理，产品管理（质量、工时），日程和交期管理，各工程的进度和完成度管理，表现指标（生产性）管理等。

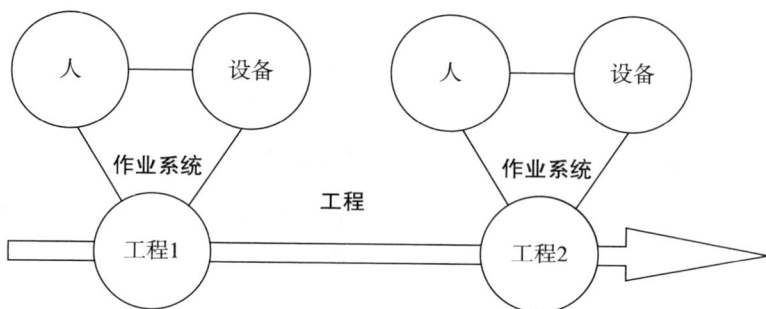

图 3 – 10 生产系统的结构

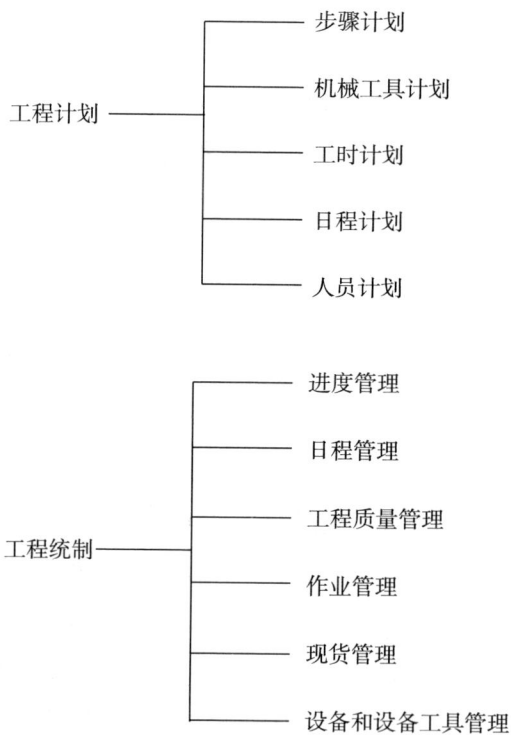

图 3 – 11 工程管理的业务功能

工程管理具体包括下述管理。

①进度管理：根据计划掌握生产进度滞后情况，并力图恢复。

②日程管理：掌握外购等已交货品情况、调整企业内作业分配。

③工程正常化：恢复异常情况及故障。

④现货管理：对材料和成品所在、数量和状态的掌握。

⑤质量管理：操作规程书等变更管理，根据检查情况确认产品质量。

⑥作业管理：确保作业能率、运转率及安全的操作环境。

⑦设备（机械）和设备工具管理：设备、模具、设备工具的预防和保养。

将上述内容分为工程计划和工程统制，并参见图 3 - 11 所示。

（3）工程管理组织的例子

1）泰勒的功能分类组织

生产工程的合理化配置始于 19 世纪末期弗雷德里克·温斯洛·泰勒（Frederick Winslow Taylor，1856—1915）创立的"科学管理法"。由泰勒倡导的工厂功能分类组织的例子参照图 3 - 12 所示。图中明确地描述了工程管理的功能，内容如下。

101

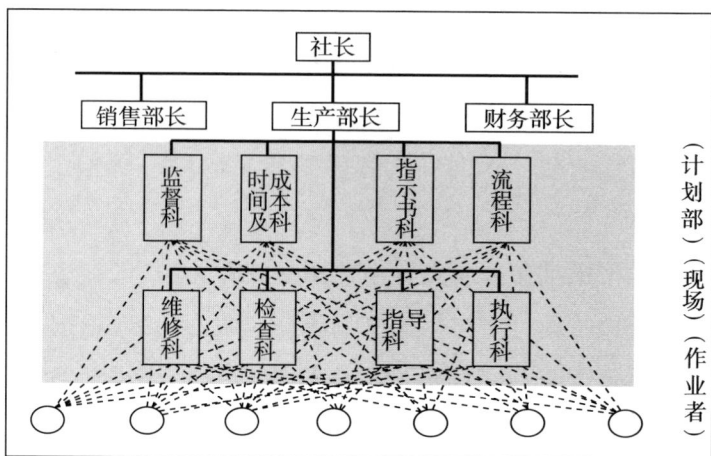

图3-12 泰勒的功能分类组织图

①流程科：对工程系列整体的产品流程、作业顺序、工程进度等进行管理。

②指示书科：制定记录明确作业内容的指示书，要求生产现场的操作方式按指示书进行。

③时间及成本科：设定标准时间，此外，记录、收集和统计作业的实际业绩，管理作业时间。

④维修科：进行设备的保养和修理。

⑤监管生产线。

a. 执行科：筹备开始作业的材料工具等的支出。

b. 指导科：从操作者缺勤，到作业是否遵循指示书执行以及是否在预定时间内完成等进行指导和监管。

c. 检查科：对成品的个数、质量等进行确认和检查。

2）推进区工程管理及组织的例子

102

工程管理组织的另一个典型例子是推进区制的工程管理。所谓推进区，是中央集权制和分权制的折中形式，是工程管理的单位组织。一般来说，由工厂的车间（如班和小组等）构成推进区（参照图3－13）。

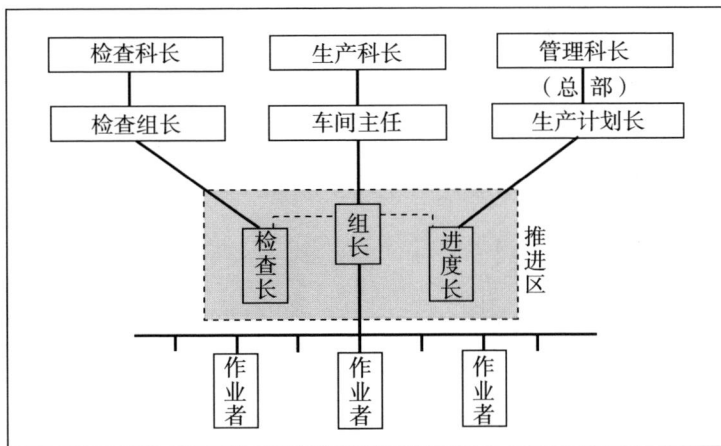

图3－13　推进区的结构图

在推进区制中，应强化各道工程的计划和现货（实际状况）管理，并以下面2点为原则。

①避免不合格产品流入下一工程。

②工程本身不延误。

因此，总部事务所的下属员工需进驻生产现场。在召开生产会议时，应就产量、交货期等异常情况拟定相关对策，设法迅速解决。

3-7 工程计划 1：工程计划立案步骤和组装工程的展开

在制造业中，将如何进行生产的制造计划称为工程计划。本节中提到的工程计划，是指伴随新产品开发的同时而拟定的生产方式的计划和设计，换言之，即生产系统结构计划及设计。

工程计划立案步骤如图 3-14 所示。

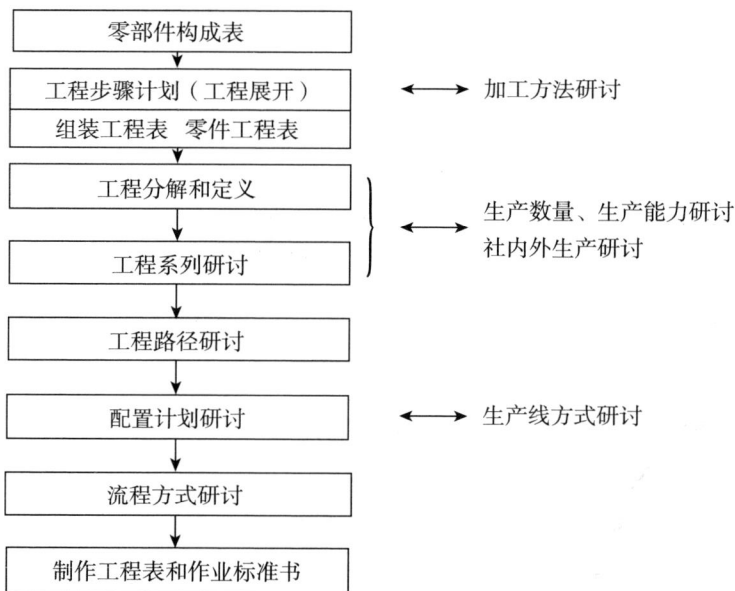

图 3-14　工程计划的立案步骤

首先，产品设计部门绘制零部件构成表（简称"零件表"）。 以此为基础制作组装工程表和加工工程表。 零部件构成表范例参照图 3 – 15。 从成品到最终组装、辅助组装、单元或模块组装、零部件、物料等的构成品，按照组装单位和加工单位逐步展开。 这种层级（标准）构成组装工程展开的基础。

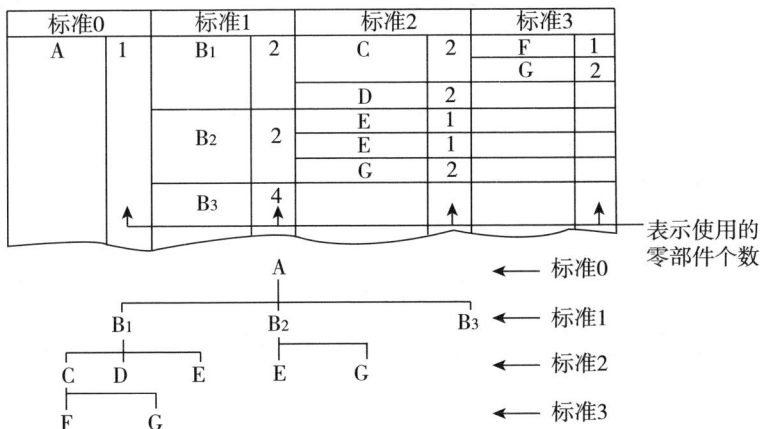

标准0		标准1		标准2		标准3	
A	1	B_1	2	C	2	F	1
						G	2
				D	2		
		B_2	2	E	1		
				E	1		
				G	2		
		B_3	4				

表示使用的零部件个数

图 3 – 15　零部件构成表

组装工程表根据设想中的组装生产线和辅助生产线为基础进行拟定。 提到零件表，也称为工程管理或生产线编制中的零部件组的总括。 另外，建议在该零件表的基础上，对零部件等的加工方法，以及是选择社内生产还是社外加工要进行研讨。 在这里，还要考虑订购单位（单品或单元）和库存单位的因素。 例如，电机等产品属于统一订购，因此将它看作一个零部件。 如果电机的安装板和支架采取其他订购方式，则将它们称为其他构成零部件。 选择在社内生产组装印刷线路板零部件时，需将整个部件拆分为半导体、电阻、线圈、电容器等电子元件。 所谓零件表，也称为在计划制造工程内与作业相关联的订购单位一览表。

在汽车等工程中，首先要制定构成产品的零件表（BM 或 BOM：Bill of Materials，物料清单）。 像汽车这种技术难度高、零部件数量多、工程复杂的产业需格外注重工程管理。

3-8　工程计划2：零部件工程展开和加工方法研讨

零部件加工与组装不同，不会沿袭那种复杂的途径。 但是，零部件加工需要对加工方法的选择进行充分的探讨（参照图 3-16）。

首先，参照图纸读取加工物的形状、材质、精度等内容，灵活应用图 3-17，选择合适的加工方法。 例如只在一个"切断"工程中，就有 CO_2 熔断、锯切断、激光切断等各种不同的加工方法（工法）。 工法的选择与产品精度和产量等的关联性很大。 一旦能确定适用的工法，设备就能确定，继而展开工程；同时，可进一步确定是社内生产还是委托社外加工、运作模式（单件生产、批量生产等）及分级自动化。

此外，选择社内生产时，应在制定工程流程图后确定加工途径。 所谓工程流程图，是描述工程空间移动路径的图

示，即物料在工作流中的路径，因此，它构成配置计划的
基础。

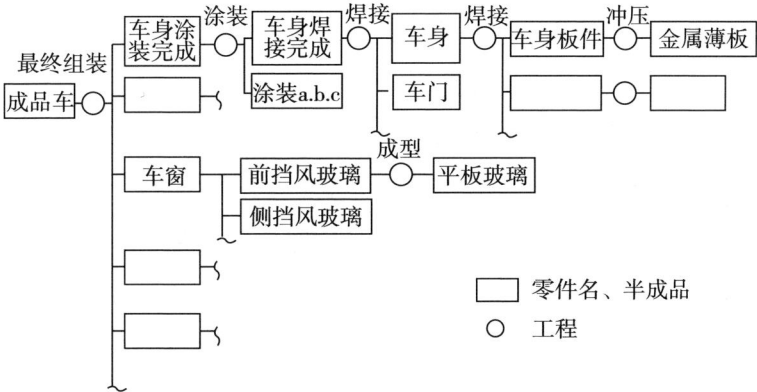

图 3 - 16　汽车零部件工程展开范例

工程名	作业分类		设备名	品质特性作业方法	设想图	研讨事项（确认事项）	责任人
	人员	机械					
切断		（时间）	CO$_2$气体	方案①按5W1H			
			激光	方案②			

图 3 - 17　工法研讨表

加工是一种物料发生变化的过程（与加工顺序不同），基本的加工步骤如下。

①工程步骤研讨。

②工程分解和定义（工程单位的设置）。

③工程系列、工程途径及配置计划研讨。

④产品的工作流模式研讨（单件、批量、混流）。

这些当然属于计划范畴。因此，应对这些步骤的实效性和经济性进行验证，同时，还应进行产品试制，并在试制出错时进行研讨。

工程步骤分为几种类型，例如化学产品等的分解或合成型，机械装置零部件加工等的串联型，组装产品等的集约型。在制造业中，工程展开一般根据技术及工学的要素来确定。

3-9 工程计划3：工程分解和工程定义

（1）工程单位及确定方法

一般来说，制造业工程（Process）是指从生产技术角度进行产品和信息的加工、变形、变质的过程，但在本节中，将这些过程当成一个管理单位来对待。换言之，从某种观点来看，把最初展开的作业过程组合成一个整体，这就是工程。而且，参照图3-18所示，把包括工程步骤，工程关联（系统），近似产品群（列）在内汇总的内容统称为工程系列。

● 关联工程和生产对象——原材料、半成品、最终产品间彼此相关

```
原材料 ⇒ 工程 ⇒ 工程 ⇒ ⇒ 工程 ⇒ 最终产品
```

● 工程的组合方式多种多样

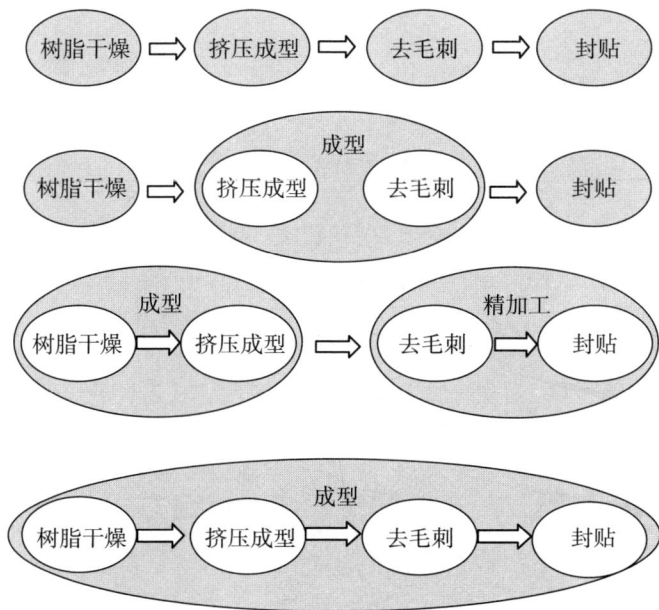

```
树脂干燥 ⇒ 挤压成型 ⇒ 去毛刺 ⇒ 封贴
```

```
成型
树脂干燥 ⇒ （挤压成型  去毛刺） ⇒ 封贴
```

```
成型                  精加工
（树脂干燥 ⇒ 挤压成型） ⇒ （去毛刺 ⇒ 封贴）
```

```
成型
（树脂干燥 ⇒ 挤压成型 ⇒ 去毛刺 ⇒ 封贴）
```

图 3-18 工程的组合方式

工程是工作分工和分配的单位，也是管理的单位。 因

109

此，一般来说，工程可分解为组织部门、人员、设备等部分。此外，还可以按照下述观点进行分解。

①根据工作的性质、作业的难易程度、技术水平等进行汇总作业。

②人员、设备、有无半成品库存等构成工程的分段。

③空间分离的情况。

④时间分离的情况。

⑤组织、行业形态发生变化的情况，也成为大型工程的分段条件。

制造业中，工程的思维模式在生产管理和生产技术领域存在一些差异。与生产管理中有无库存、生产周期（标准日程单位）的概念相对；生产技术中所指的工程是"工作站（Station）"。工作站是指物料的停放，人员的移动和货物替换的场所。在此处，人员或设备会发生变化。

系统开发和产品开发等的具体工程被称为步骤及任务，它们是在工程中对可交付物进行定义的单位。

（2）工程分解（分解的程度：组合方式）

工程分解时需注意以下事项。

①工程的本质在于加工方法的差异。加工方法不同，当然设备也不一样。

②在无尘车间等作业环境区域和设备等因素的制约下对工程进行分解，需按生产系统的层级划分。

③生产形态的差异（预计或单件订购）、生产方式的差异（连续、批量或单件生产）等构成工程的巨大差别。

④工程是管理单位。 有无库存是工作的一个分段条件。在库存管理上，最好避免工程间的库存。

⑤作业责任和质量责任最好明确其单位区分。

⑥作业分配、进度管理、作业管理等需容易操作。

⑦出现空间调整和搬运距离等客观情况时，视为一个分段条件。

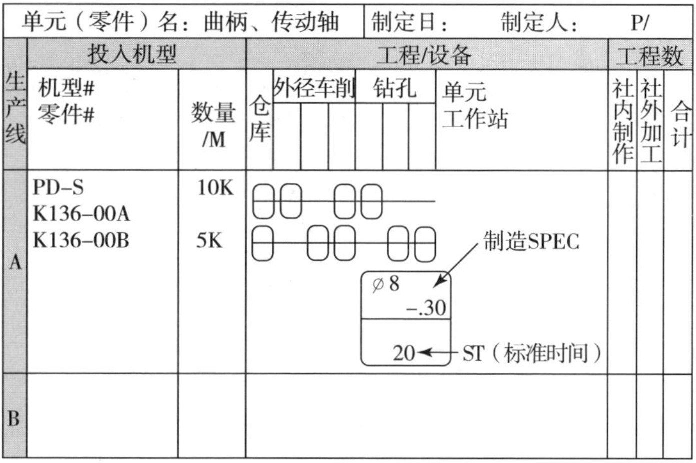

图 3－19　工程系列的范例（加工型）

图 3－18 为工程组合方式的各种例子。 在生产过程中，工程被固定在某一个期间内。 参照图 3－19 所示，产品群可按该工程运作。

111

（3）工作站和工作中心（或单元）

工作站是在部件加工过程中，加工品（Work）需要短暂停放并进行加工处理的场所。 它大体属于设备单位。 所谓工作中心（或单元），是"一个流"生产，即各工程间不停滞、不堆积、无库存状态的一道工程。 通常情况下，在这个工作中心单位中需添加制造编号、批次编号等，还要承担成本中心的职责（参照图3－20）。

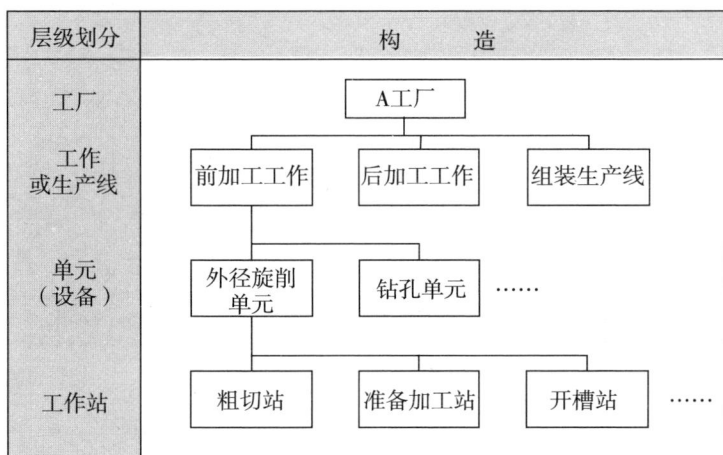

图3－20　生产系统的层级划分（范例）

有时在生产线或工作中心的节点上设置一个积存点（Stockpoint，生产工程周边规定放置物料的保管场所）。 这被称为一日同期化，前道工程生产的产品于次日进入下一道工程加工（停滞时间为一天）。

112

3－10　工程计划 4：工程途径和配置的研讨

（1）工程途径的研讨

一旦某个产品的工程展开，接下来就应对涉及该工程的产品种类进行工程途径的研讨。这一分析也称为工程变化分析，它构成修改工程分解和配置的基础资料。如图 3－21、3－22、3－23 所示。

对于今后变动可能性高的部分，只须准备充分的空间即可。另外，容器、包装、捆包等后道工程生产线的设计应该多加注意。

类型	工程 编号	▽	L₁	L₂	L₃	Mʜ	Mᵥ	Mᵨ	B₀₁	B₀₂	DR	RDR	F	热	G		□	▽
A 型	11 12 001	○					○		○			○						
	12 12 001	○		○					○		○			○	○		○	○
	13 12 001	○						○		○	○			○	○		○	○
B 型	11 52 135	○			○				○		○						○	○
	12 52 128	○		○					○		○						○	○
	13 52 138	○							○		○						○	○

工程记号：▽停滞　○加工　□检查

图 3－21　加工途径表

机械 途径	L 车削	M 铣削	Bo 抛光	Dr 钻孔	F 精加工	G 研磨	
1	①	②	③		④	⑤	15
2	①	②		③	④		10
3	①	②	③		④		6
4	①		②		③	④	7
5	①	②		③		④	12
6	①			②	③	④	10
零件件数	60	42	25	48	20	51	60

图 3－22　加工途径总括表

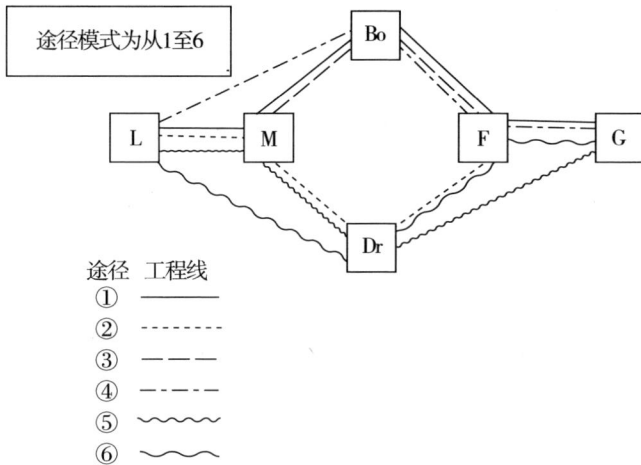

途径模式为从1至6

途径	工程线
①	——————
②	- - - - -
③	— — —
④	- — - —
⑤	∿∿∿∿
⑥	⌒⌒⌒

出处：IE教育测验，日本能率协会管理咨询部。

图 3－23　工程途径示意图

（2）配置的研讨

工程编制就是"组合配置"，即设备配置。最好对未来产品的加工进行模拟的"工程编制"，在此基础上进行配置设计。

所谓作业编制，就是作业者的小组编制。根据生产计划，其构成人员数和责任生产线等会发生变化。作业编制通常根据人员的出勤情况来确定，因此，需要每天切实地执行。

如图 3 - 24 所示，设备配置分为功能分类编制和产品分类生产线编制。在少品种大批量生产的情况下，其主体构成是生产线模式。但是，如果转为多品种少批量生产，且采用自动化生产时，一般采取网络型辐射生产线的模式。单纯生产线编制和功能分类编制会发生多种多样的变化。如图 3 - 25 所示。

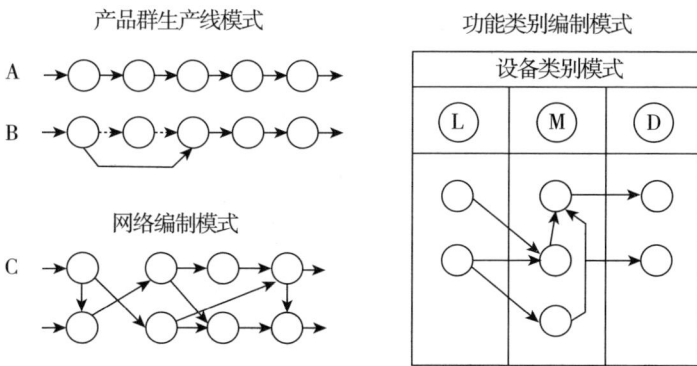

图 3 - 24　工程编制的模式

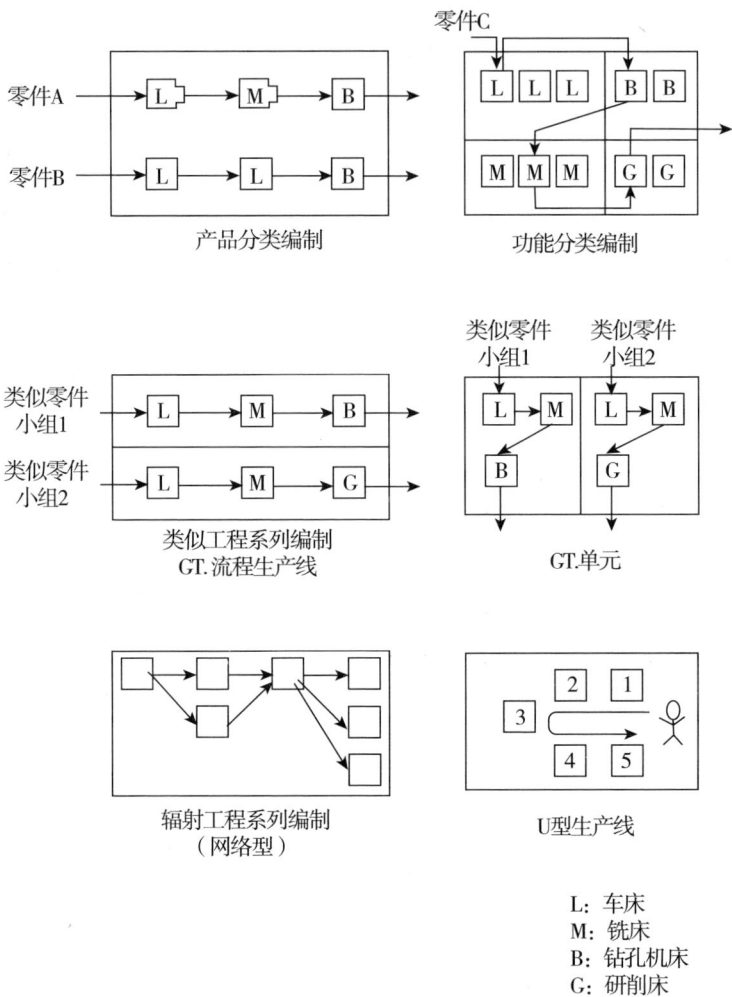

零件C

零件A
零件B

产品分类编制

功能分类编制

类似零件
小组1

类似零件
小组2

类似工程系列编制
GT.流程生产线

类似零件
小组1

类似零件
小组2

GT.单元

辐射工程系列编制
（网络型）

U型生产线

L: 车床
M: 铣床
B: 钻孔机床
G: 研削床

图 3-25　工程编制配置（设备配置）的模式

116

3-11 工程计划 5：工程表和作业标准书的制作

一旦确定工程步骤、工程的统一单位等要项，下一步就是制作记录工程内容的工程表。 工程表中应明确完成作业所需的要素（物料、工作、人员、设备、设备工具、图纸等）和作业条件等。

工程表的范例如图 3-26 所示。

○○工程表	零件名											
	编码											
工程概要												
工序序号												
工程	加工内容和部位	各工程的方法				时间			不良率	管理项目	生产能力	备注
		设备工具	模具规格	人工	内容	机械时间	人员工时	循环周期				

图 3-26 工程表范例

另外，在工程计划中，需要制作作业标准书和操作指南，此项极其重要。 其中，必须完善下述几项（参照图 3-27）。

①记录应执行的作业步骤。

117

標準作業組合表

標準作業組合表	編号、品名	日产量		认可	制作	制作日期	
	工程、生产线名	循环周期		记号	人工 ■	自动 □ 步行 〰	手动 ⋯

操作步骤	作业或设备名	时间			作业时间（秒）		
		手动	自动	步行	60　　　120　　　180		
1	A～1	15	70	1			
2	A～2	20	63	1			
3	A～3	24	46	1			
4	A～4	18	66	1			
					循环周期		

标准作业表	编号	MH203	品名	小型A零件	工程名	零件加工A生产线	认可	制作	日期

日产量
个/日
480
节拍时间
秒
80
标准手动数
个
7
手动时间
0

运输托盘　钻孔机床　双头钻机床（Bo）　自动车床（L）

① ② ③ ④
⑨ ⑧ ⑦ ⑥ ⑤

钻孔机床（Bo）

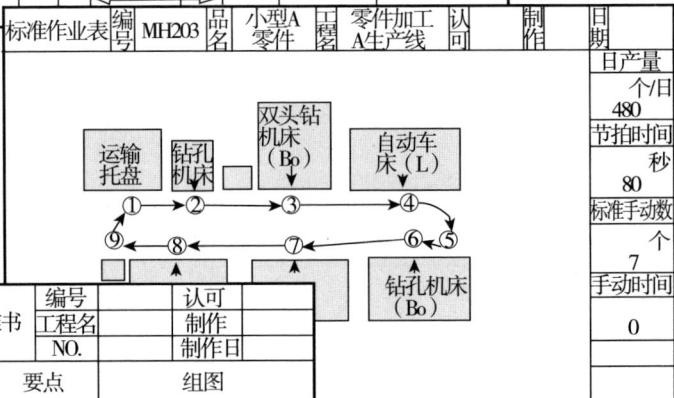

作业标准书	编号		认可	
	工程名		制作	
	NO.		制作日	
作业顺序	要点		组图	
管理项目	规格、标准值	检查方法	检查	异常处理

图 3-27　作业标准书范例

118

②根据产品分类记录所用的物料、设备、模具、设备工具、检查工具等，还需记录操作条件。

③记录用于衡量工程正常或异常的管理项目及相关的标准。

④根据情况分类具体记录发生异常情况时的应对措施。

⑤在能力允许范围内执行。

⑥为确保产品质量和安全，考虑的内容要充分。

⑦最好记入标准工时。

作业标准、标准作业、操作指南是什么？

标准作业：按标准执行的作业步骤和方法。

作业标准：作业时的标准。 例如遵守标准时间等，这些规则具有强制力。

操作指南：强制力较弱。

作业标准不仅以书面形式保存，如果附加图例和说明，会更加清晰易懂。

3 – 12　工程计划 6：作业的流程化

利用传送带把组装生产线改变为流水线生产的福特系统，据传能将汽车的售价降至1/7。 这种流水线思维模式，即使在追求弹性更大的流程化生产系统的今天，仍然作为工程管理的重要工具之一为我们提供很多的启发。

传送带、流水线生产方式的优点总结如下。

119

①通过分工促进技术的熟练度。

②通过作业标准化和熟练度保证产品质量的稳定。

③减少搬运所需的劳力。

④无需装卸物料。

⑤强制维持作业速度的系统。

⑥作业指示自动下达。

⑦无需清点产品数。

⑧不用按操作者类别进行生产业绩管理和生产性能测定。

⑨生产计划和产量管理易执行。

⑩通过目测，能立即发现作业滞后和故障等异常情况。

⑪机械化和自动化易操作。

⑫其他。

流水线作业并非必须采用传送带形式，也可以采用手动输送，节拍式输送（按一定的节拍反复地向下一工程输送的方式）。

流水线作业必须满足下述几项条件。

①同一工作多次反复。

②需按照工程步骤进行配置。

③各工程的作业时间大致均等并且标准化。

④按一定的节拍间隔向下一工程输送工作。

在流水生产线中，将生产线工艺平衡一般维持在85% ~ 95% ，这非常重要。 图3-28是生产线工艺平衡研讨图。 横轴为工程，纵轴为生产能力。

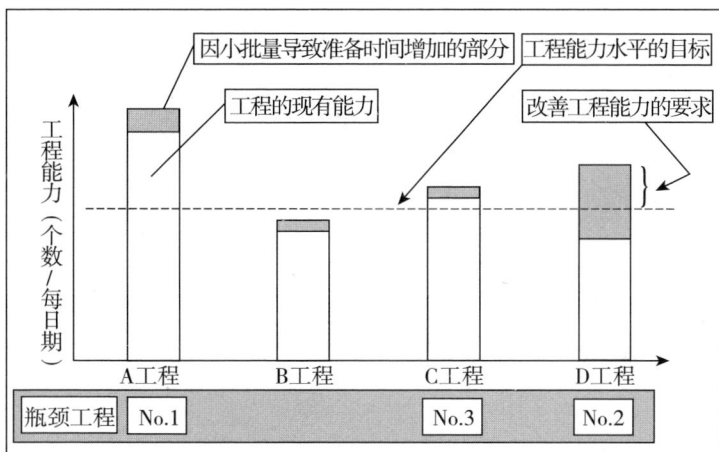

图 3-28　工程间平衡和瓶颈工程

在流水线作业中，当生产线速度下滑至工程能力最差的水平时，就是瓶颈工程，必须对其做出改善。

为了使瓶颈工程的工程能力接近目标水平，应提高设备性能，灵活应用设备工具，投入人员，变更工作分担范围，调换成员，建立接替支援体系等。

近年来，在多品种小批量生产的家电行业中，出现一种减少损耗、不必考虑生产线平衡的单元型一人多机的生产方式（即 U 型生产线）。

此外，关于生产线工艺平衡值的计算方法请参考其他书籍。

3－13　生产计划和工程管理

在生产系统计划中，分为设备配置系统的构造计划（空间层面），以及接到订单后下达生产指令并进行原材料加工的生产系统运用计划（时间层面）2 类。 这 2 种计划相互关联。

后者的生产系统运用计划通过生产系统制造生产物（即产品），生产计划就是对在何时何地生产何种产品做出的计划。 在本节中，首先介绍生产计划概况，接下来阐述它和工程管理之间的关系。 其中，重点围绕基础管理系统、生产计划、作业分配等内容进行说明。

生产计划的种类和目的。

应该在什么时间制定生产计划呢？

具体来说，把按多长时间的间隔制定计划称为生产计划的周期循环。 生产计划的周期分为年度计划、季度计划、月度计划和周计划等。 根据生产计划的循环周期，生产计划的详略和目的当然各不相同。 以下为一般性的例子。

①年度计划。

综合短期经营计划和经营销售计划而制定。 拟定生产部的能力计划，就是制订设备计划和人员计划。

②季度计划。

根据销售及订单计划，实施材料、采购品及设备工具配置等。

③月度计划。

制定品种类别月度产量计划。 通常以日为单位来制定。但是，月度计划并不确定，可能发生一些变化。

④旬计划和周计划。

在生产中确定的生产计划。

一般来说，生产计划应该是月度产品品种和日产量的计划。 这里提到的月度一词，是指次月一个月期间的生产计划。 最初一般提前两个月或三个月来制定，但这终归属于预测。 月度周期之所以使用较多，因为掌握营业业绩、库存流通、预测订单等工作通常以月为单位进行统计、上报和拟订计划。 实际上，即使计划周期以月为单位，生产计划周期也未必限定为一个月期间的计划。 计划周期是根据对什么做出计划而制定的。 另外，在安排物时，如果没有明确 3 个月的计划，其工作就会无法执行，此种情况也时有发生。

在进行预计生产时，计划周期越短，其计划的变更情况理应越少。 因此，虽然需要制定周计划，但这应根据是否已有明确的生产计划而定，如果月度计划已经确定，周计划就没有必要了。

当订单预测和销售计划之间发生冲突时，或者在一个月的中期进行修正，或者制定明确的下周计划。 这时，通常多采用制定周计划。 虽然从人的角度考虑，周计划和节假日相关，制定比较方便，但考虑到周计划与月度计划的关系，核对周生产量和月产量计划时比较麻烦。 因此，有的企业选择采用旬计划。 这样一来，产量按日期分类，既能对照月度计划，也能对照周计划。

计划周期、计划期间、计划单位等内容虽然根据行业类型、企业状况、订单特性、生产形态、生产方式等因素而决定，但是，在计划的基础上实施什么作业，这一因素也会导致其内容各不相同。

3-14　生产计划的步骤

生产计划的步骤参照图 3-29 所示。 接到订单后，首先需要核查产品的库存情况。 如果有存货可以直接发货，如果没有库存，只要分配好标准库存，就可以下达制造指令。

组装生产计划遵循上述原则即可，但零件生产通常于 1~3 个月左右前开始订购。 因此，需要根据营销点和销售店的需求预测以及销售计划等进行生产。 但是，销售计划在相当程度上会出现敷衍了事的情况，因此，有时零件的库存计划也被称为实际生产计划。

预计零件生产时需要进行工作编号。 编制工作编号的零件或者被订购，或者接到根据车间分类的生产指令而被分配。 是由车间主任或班长等分配到生产线和各作业者手中。

图 3-30 为生产计划表和分配表的流程。

在接到生产指令之前属于生产计划，接到生产指令后属于工程管理的范畴。

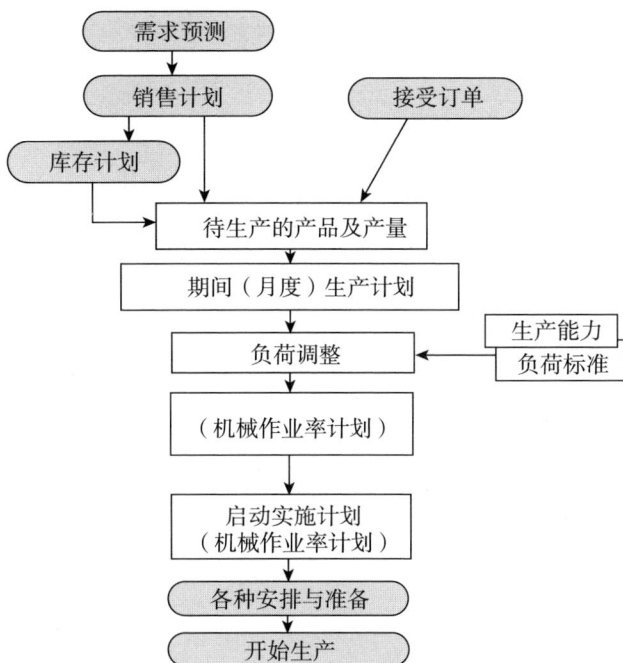

图 3 -29　产量计划的流程

3 - 15　生产计划的基本内容

生产计划，就是提高工厂的操作度和运行率，为满足客户要求的交货期限，制定生产步骤计划和企业内外生产的计划。因此，生产计划要对需求做出预测，或保证生产能力的灵活应变性。此外，为了缩短生产供货周期，应采取如：预测设计（提前进行设计）；预计生产（在预测需求的基础上生产零件）；提前分配物料（分配交期时间长的产品和基础

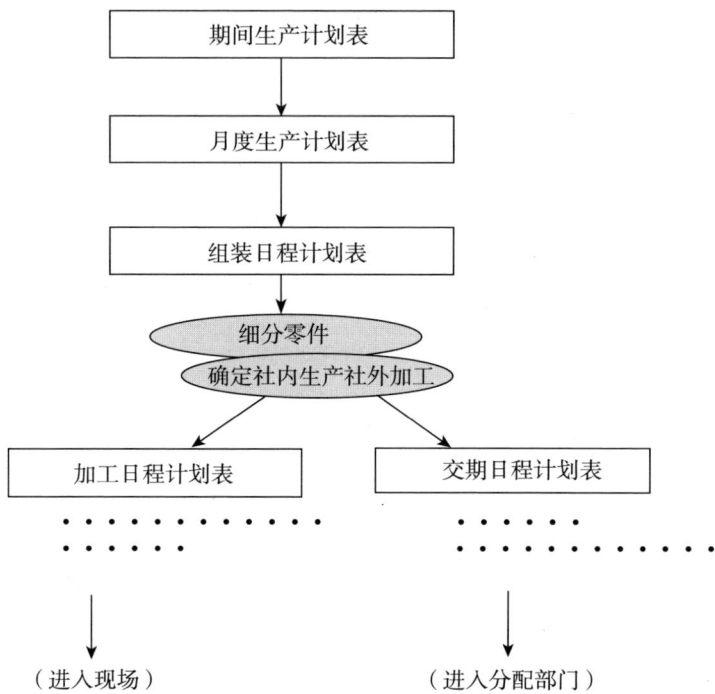

图3-30 生产计划表和分配表的流程图

材料）等。

如不采用预计生产而想要缩短供货周期，应采取下述的方法。

①保持充足的生产能力和弹性，能进行加急生产。

②实施并行生产或同期化生产（包括数家企业共同订购）。

③消除瓶颈工程，杜绝工程间停滞，缩短工程。

④目标是减少产品不良和事故，避免返工。

这些是工程计划和工程管理的问题。

在本节中，首先对与生产计划相关的基本内容进行阐述。

（1）生产形态和生产计划

1）单件订购生产时的生产计划

在单件订购生产中，通常从接到订单后开始生产。 首先应按每个产品编号确定优先顺序，考虑交货期限，以生产周期为标准确定开始工程。 就是指在哪一天，哪道工程，确定做什么工作，即确定日程。

2）重复生产（量产）时的生产计划

确定在一天内生产多少产品，即确定产量。 其标准是每天的产量和生产速度。

重复生产的生产计划实际上是库存计划。 也就是从销售预测和销售战略层面，确定可持有多少产品和零件库存。 零件的库存量依赖于生产能力，即生产供货周期、品质力、材料调度能力等因素。

（2）生产指令的执行方式

向生产系统下达的生产指令方式分为推动式和拉动式2种。

1）推动式：只生产可能销售的份额

进行需求预计，只生产可能销售的份额，这就是预计生

127

产。 对于大众消费品中需求量稳定、价格低廉的用品，只需经常清点库存，采取这种方式大量生产即可。 此外，产品品种少、销量上涨时也适用于这种方式。

2）拉动式：只生产已销售的份额

与产品的量少、量大因素无关，订购生产原本就是这种方式。 看板方式（在拉动式生产中，后一作业根据需要加工多少产品，要求前一作业制造正好需要的零件，"看板"就是在各个作业之间传递这种信息、运营这种系统的工具）就属于这种类型。 其中心是只补充销售份额的所需库存。

组装生产和零部件生产的数量匹配性

只要零部件缺少一个，就无法完成组装，即使有多余的零部件，也无法发挥任何作用。 组装好的成品必须与销售情况保持一致，即便只生产销售份额，零部件生产也必须在某种程度上保证统一生产。 怎样实现这种匹配是问题的症结所在，由此衍生出追加编号法和 MRP 法（Material Requirement Planning，物料需求计划）。

（3）批量生产

批量生产即使在订购生产时也需要进行预计生产。 生产批量的大小会对库存量和生产供货周期产生影响。 在订购生产中，汇总期间根据客户的等待时间而定；而在预计生产中，消费者的购买单位和消费类型是决定性的因素。 交货期限短、产品寿命短、现金流改善需求等因素使小批量生产的倾向有所增强。 生产方对批量的相关要求参考如下。

①经济批量生产：在综合准备、各工程制品切换时的衔接准备等订购费用和库存管理费的基础上确定。

②在月度生产周期中，根据月订购量或销售预测进行生产。

③炉、窑等批量生产和物料批量生产：例如，每根管材产出 6 个部件，就以 6 为单位进行生产等。

④以组装单位、包装单位、发货单位为标准进行生产。

（4）同期化生产

为减少工厂的半成品库存，应该核实生产批量数，或者进行同期化生产。 如传送带生产，虽然"一个流"同期化的生产方式最理想，但仍应考虑生产线的工艺平衡及生产能力的平均化等。 如果是批量生产，最好采用批量同期化（即同量同期生产）。 这时，需根据成品产量计算各工程的必要数，按工程下达生产指令。

（5）生产周期

生产周期，是指在同一品种的生产中，一旦启动生产，到下一次生产该产品的时间，即一个循环周期。 大多数产品采用月度周期。 那么，月度产品的生产数量是多少，怎样进行生产，其模式参照图 3 – 31 所示。

129

① 月度总量尽量选择同一品种的连续生产方式

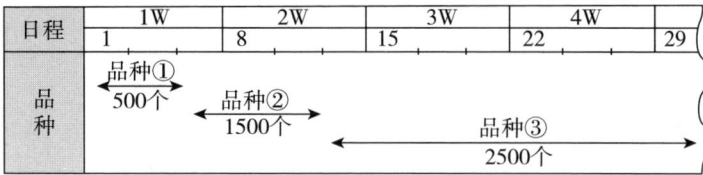

日程	1W		2W		3W		4W		
	1		8		15		22		29
品种	品种① 500个	品种② 1500个			品种③ 2500个				

② 将月度总量分割为几批进行生产

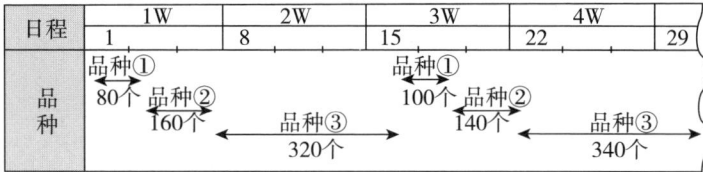

日程	1W		2W		3W		4W		
	1		8		15		22		29
品种	品种① 80个	品种② 160个	品种③ 320个		品种① 100个	品种② 140个	品种③ 340个		

③ 按一定的标准量生产各品种

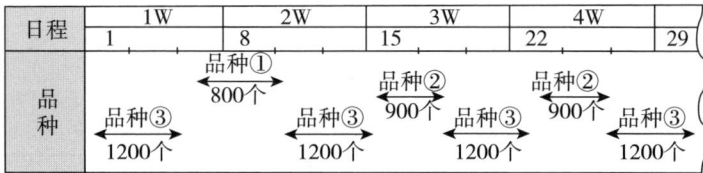

日程	1W		2W		3W		4W		
	1		8		15		22		29
品种	品种① 800个 品种③ 1200个	品种③ 1200个	品种② 900个 品种③ 1200个	品种② 900个 品种③ 1200个					

④ 以每天为单位，在一天中连续生产

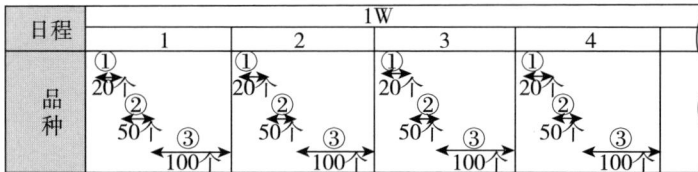

日程	1W				
	1	2	3	4	
品种	① 20个 ② 50个 ③ 100个	① 20个 ② 50个 ③ 100个	① 20个 ② 50个 ③ 100个	① 20个 ② 50个 ③ 100个	

⑤ 以每天为单位，各品种交互生产
每天生产按ⒸⒶⒸⒷⒸ重复进行

图 3–31　生产周期的模式

3 – 16 基本的工程管理方式

工程管理方式有很多种，应采用的方式根据生产形态和生产方式的不同而不同。 下面就代表性的管理方式的结构和特征进行阐述。

（1）制造编号管理方式（订购、控制、系统）

该方式主要用于建筑业等单件订购生产。 它是一种以订单为基础，在接到订购时发出生产指令，仅根据订购量进行生产的方式。 因此，这种方式基本不会发生产品和零件库存。 订购量和产量保持一致，产品的组装数量和零件产量根据制造指示进行生产，数量基本相同。 如果发生不良，可根据情况追加生产。 所有的生产计划、咨询、订单、作业能率计算、成本核算（单件成本计算方式）等均按生产编号进行统一。

这种方式的要点。

①订单越多工作量越大，订单越少劳动力就会富余。 因此一般而言，制定能力调整对策是关键所在。 如作业人员外调、外包、派遣人员等变动的情况较多。 这时，必须进行能率及质量的管理。

②为防止因订购时的疏漏和不良所致的缺陷品、零部件延期交货等情况，管理非常重要。

③基于设计阶段、预测阶段的所谓源头管理很重要。 企

业赤字的原因也经常是由于预测阶段的错误所导致的。

（2）推动区制工程管理

此方法也可以说是制造编号管理方式的具体推进方式。制造编号管理仅限于以制造编号为轴心，对计划订购、生产单位、产品质量、交期等进行管理，但并未落实到工作的具体工程管理中。 制造编号管理可以被视为一种订购型生产管理的承包方式，但其不足之处在于：如果没有良好的合作方出手相助，产品质量和交期只能凭借己方力量而定。 推动区制工程管理作为一种单件订货型工程管理方式于二战后崭露头角。 该法在各个工程均有来自产品、作业、日程等领域专家的支持，能尽一切可能杜绝返工和故障，促进工程顺利进行，这种结构对于单件订购相当有效。 试举一个推动区制工程管理的例子，其准备区划分为原材料区和粗加工材料区等，加工区又进一步分为钣金、冲压、焊接等工作。

这种方式的要点。

①在各零部件上贴附对应产品的追加编号（刷号机编号）的标签。

②按工程分类的标准日程，规定准备工作和日程安排。

从开工日起到完工，要进行编号分配，并贯彻落实管理工作。

③在现场安排作业、工程和检查工作的小组。

（3）追加编号管理方式

此方法为制造编号管理方式的应用型，在批量生产过程中，对各批次下达生产指令。 如果组装数和零部件数始终为同一批次，就不会遇到棘手问题，而一旦对零部件做出调整，或按经济批量单位加工时，就要与组装数保持一致。 即使零部件生产采用预测方式，组装采用订购生产方式（以零部件为中心的生产），零部件数和组装数的匹配仍是关键所在。

为了和组装数量保持一致，在零部件生产中，这种追加编号管理的方式成为唯一的选择。 所谓追加编号，是指一旦确定某一工期内的生产数量，从第一件产品开始，成品的生产编号采用连续编号法，以此来表示累积的生产台数。 此外，应根据该编号对产品和零部件生产进行统一管理。 例如，到现基点为止，已经产出500台产品，如果当月的计划组装量为 200 台，零部件的追加编号就顺次排列，为 501 ～700。

这种方式的要点

①在零部件上贴附与组装成品数上的连续编号一致的编号。

②分配、开工和完成日可能不一致，这可以通过贴附分配编号的方式来解决。

（4）库存管理方式（库存控制系统）

此方法实际为预计生产方式，是一种产品规格已经确定

133

的生产管理方式，属于保有库存，并对库存进行补充的库存补充生产方式。 该法适用于以下情况：订购频繁且持续发生时（存续产品）；生产期间和调度期间长且要求交期短时（即用于应对交期短的订单）；统一生产可大幅度降低成本时；产品价格原本不高，即便库存处理负担也较轻时；标准产品重复生产，面向大众消费者的消费产品、常需品等。

这种方式的要点。

①大宗物料、资金紧张的产品根据状况调节生产，避免库存积压。

②防止库存过剩及封藏。 为根据需求进行订购和生产，应采取下面的订购方式。

a. 定期订货方式（根据需求采取月度生产计划方式）。

b. 定量订购方式（库存订购方式，低于预测库存量时生产）。

③设计变更及中止生产时，需考虑如何处理库存。

④掌握库存情况，贯彻执行现货管理。

（5）看板方式

看板方式是一种单据作业的指示方式。 看板是从超市补货得来的灵感，只有当产品销售完后才购进，也可以说它是库存管理方式的应用型。 具体分为下面几类。

①生产看板：生产指示。

②拉动式（传送）看板：搬运指示。

134

③现货标记看板（即临时看板）。

在看板方式中，产量是根据看板件数而做出生产指示。当本处的库存量跌至一定水平以下，看板应向前回溯至前工程。 一旦看板回溯就开始启动生产。 领取看板后，或者立即投入生产，或者统一数张看板后进行生产等，包括多种方式。

这种方式的要点。

①看板的使用数目应限制增多，同时避免数量的变动。

②避免产出不良和次品的管理及技术水平。

③前提是确保一定程度的生产均衡化。

④不均衡的产品应进行库存确认，并在 MRP 中订购。

（6）流动管理方式（流程控制系统）

流水作业用于连续生产，设置日产台数并进行相应的管理，有时也被称为层级生产方式。 此方法需提前预测不良率，确定标准进货量。

当月进货量 = 当月生产需求量 + 标准进货量 − 上月末余量

在重复生产和输送带生产等过程中，作业指令被省略化。

这种方式的要点。

①将半成品用于缓冲生产变动时，为避免库存过量，应确定上限半成品的库存量。

135

②需在每月月末盘点半成品库存量，并对次月生产做出调整。

3-17　制造指令和生产指示

（1）制造指令

制造指令是由厂长发布的。关于工厂成本、产品生产质量、产品交期遵守等，均由厂长承担相关的责任。从营销部拿到订单时，厂长应根据订购要求发布制造指令。

在单件订购生产中，应根据订购情况下达组装、零件加工、物料安排等全部指令。在有库存生产的工厂中，应经常盘查库存，根据实际情况发布制造指令。首先，检查有无组装产品指令。如果组装生产计划已经确定，应制定零部件生产计划。确认有无原材料并做出安排。

在连续生产和装备工业中，制造指令发布的内容是生产线和装备的运转指令。

从发出制造指令，经过生产指示，到向车间下达作业指示为止的过程可参照图 3-32 所示。

（2）日程计划

生产计划发布后，接下来是落实每日计划。

所谓日程计划，是指在某种产品的某道工程中，以日期为单位明确生产什么、生产多少等事项的计划。在日程计划

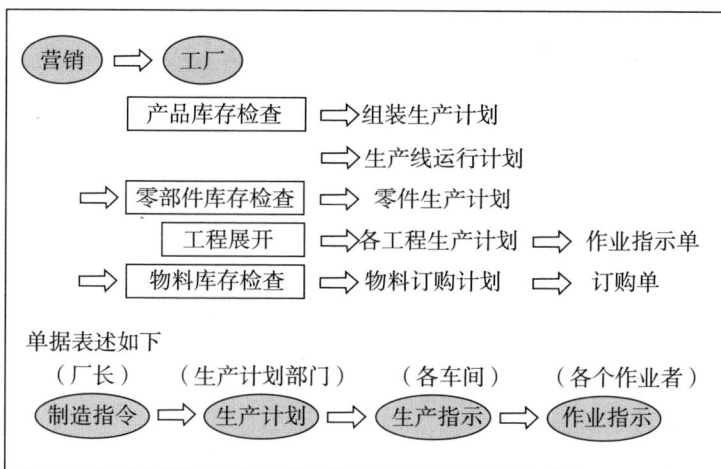

图 3-32 从制造指令到作业指示

中，必须以日期为单位明确生产的品种和产量。

拟定生产日期需要根据情况确定。 一般来说应进行这样的考量：对于客户要求的出货量，如有产品库存，从存货中提取；如果库存不足，必须赶在出货前紧急生产。 预计生产常见的日程计划表分为下面几种。

①检查日程计划表。

②组装日程计划表。

③辅助组装日程计划表。

④各加工工程日程计划表。

⑤瓶颈工程日程计划表。

⑥物料、零件交期日程计划表。

⑦出图日程计划表等。

组装工程：日程计划表（10月）																																	
No.	编号	日　期																															计
		1	2	3	4	5	6	7	8	9	10	11	12	13	14	15	16	17	18	19	20	21	22	23	24	25	26	27	28	29	30	31	

图3-33　日程计划表（组装工程的例子）

一般来说，任何一个部门或车间拟定的日程计划表均采用图3-33所示的格式。

日程计划的期间不等，有的超过一个月，有的为一周。与月度生产计划相同，日程计划也是根据计划用途来确定时限。即使制定长达一个月的日程计划，其时限也不一定限制在当月的1~31日之间。有的日程计划从当月的21日到次月的20日。计算期间从哪一天开始，到哪一天结束，需要根据生产期间（供货周期）来确定。

（3）生产指示

生产指示的方式千差万别，需按照行业分类来确定适用

138

的类型。

在此，从多个角度出发列举生产指示的方式，具体如下。

1）生产指示和作业单据的构成

3 种具有代表性的生产方式的制造指示书和生产指示书的发布方法如下所示。

①单件生产：按单件订购发布单据。

②批量生产：按批次单位发布单据。

③连续生产：在生产线的最初进行生产指示。

2）生产指示的时机

①集中式。

这种方式是典型的中央统一管理型的指示方式。 也就是，中央部门提前以周、旬、月为单位做出负荷调整，按各工程进行管理，根据下达的指令，在必要时期参照生产能力现状，向生产现场下达指示的一种方式。

②单件即时式。

这种方式是典型的分散管理型的指示方式。 与中央部门拟订的前期时间无关，根据标准日程进行订购，并向生产现场下达指示。

上述 2 种方式分别具备如下优点。

【集中式的优点】

①计算变更的影响不会直接进入生产现场。

②容易掌控现货、进度管理。

139

③可以进行定期的计划处理。

【单件即时式的优点】

这种方式的前提是在生产现场进行能力调整。难点在于中央部门难以通过对整体计划的预测实施统一管理，但单件订购的优点在下面的场合不失为一种有效的手段。

①标准时间不稳定的情况。

②机械设备具有特殊性的情况。

③作业者的操作熟练程度差异大的情况。

为了确定生产指示和准备的时期，需注意下面几点。

①从供货周期长的物料开始发布。

②从瓶颈工程起进行生产准备。

③避免拟订前瞻性太高的计划。

在管理中，应尽可能构建具有汇总生产进度、库存、半成品、订购余量、不良品等必要信息的管理体制。

（4）生产指示的表示方法

生产指示的表示方法大体分为下面2种。

1）直接法

参照图3－34所示，这是一种在原始作业单据中标记产品单位，原始单据随现货产出一起移转至下一工程的方式。

2）附表法

此方法按加工类、零部件类标记其制作日程，其典型例子就是采用甘特图法的日程表示。

产品编号		机型编号		图号	科目		分类	材质		成品编号
A1062			DAK65	A259011			D	SCM3		19
组装分类 314-A	早晚班		品名齿轮 (1轴M44Z)	木模编号	单位个数		所需个数 5	材料尺寸		

	完成点	开始编号	工时编号	作业分类	工程	标准工时	工作要点	作业者	开工日期	结束日期	准确率%	不定形	破损	其他	产量	检查
1	18	35	3		M											
2	19	32	1	G	L	0.15/1.1										
3	21	31	2	G	H6		HS27-30									
4	22	29	1	G	L	0.15/1.8										
5	23	28	1	G	MR											
6	25	27	1+1	G	SL	0.15/0.75										
7	26	25	1	T	BR	0.15/0.25										
8	27	24	1	T	GC	0.2/1.5										
9	28	23	1	T	TR	0.15/0.65										
10	29	22	1	T	FL											
11	31	21	2	T	HF-WB		HS65-70									
12																

图 3-34　直接法（加工工程）指示书范例

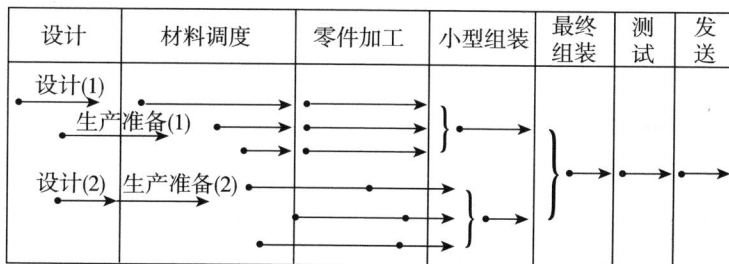

图 3-35　零件、组装生产日程表

如图 3-35 所示，甘特图根据工程步骤表和标准日程表来制作日程表，并是在参考工程负荷和交期情况的基础上完成的。

一般来说，连续生产多采用附表法，对照日程标记生产数据。下面列举几个附表范例。

①横线式预订表（参照图3-36）。

图3-36为甘特图，通常需记录预测线和实际业绩线。

零件生产进度表													
图号	名称	产量	月／日	1	2	3	4	5	6	7	……	31
			预定									
			实绩									

图3-36 横线式预订表、进度管理表（甘特图范例）

②卡片式预订表（参照图3-37）。

月日	品名	预计数量	实际产量	优质品	不良品	前工程不良
·						
·						
·						
·						
·						
备注：						

图3-37 卡片式预订表

③联票式预订表（参照图3-38）。

工程少的情况下，就可以采用这种方式。

142

```
┌─────────────────────────────────┐
│         订单/制造指示单          │
├─────────────────────────────────┤
│  工程编号：_____           │
│  交    期：_____           │
│  客    户：_____           │
│  产    品：_____           │
│  型    号：_____           │
│  数    量：_____           │
├─────────────────────────────────┤
│  特殊记录事项：                 │
├──────────┬──────────┬───────────┤
│  检查    │  作业者  │   月日    │
├──────────┼──────────┼───────────┤
│  精加工  │  作业者  │   月日    │
├──────────┼──────────┼───────────┤
│  中加工  │  作业者  │   月日    │
├──────────┼──────────┼───────────┤
│  粗加工  │  作业者  │   月日    │
├──────────┼──────────┼───────────┤
│  切断    │  作业者  │   月日    │
└──────────┴──────────┴───────────┘
```

图 3 – 38　联票式预订表

④产量表示法（参照图 3 – 39）。

重复型量产采用这种方式比较方便。

品种	工程 No.		作业员		1	2	3	4	
主要图号	1			预计数	100	100	120	80	
				实际业绩数	120	80	100	100	
	2								
	3								

图 3 – 39　产量表示法

143

⑤累计数量表示法（参照图3–40）。

在连续重复生产时，对累计产量进行管理即可。 横轴为日期，记录预计和实际业绩进行对比。

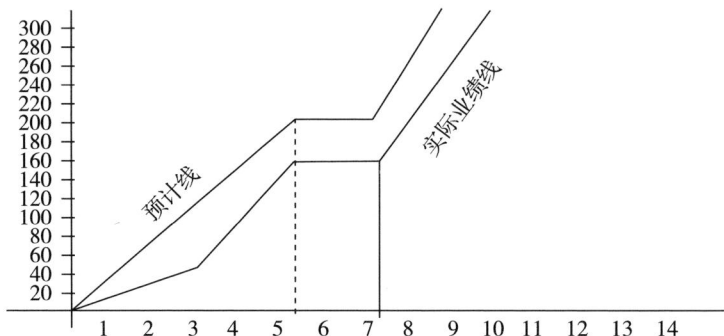

图3–40　累计数量表示法

⑥流动数量曲线图（参照图3–41）。

按生产进度及日期等设置进厂累计数和成品累计数。 进厂累计数和成品之间的差额：横轴表示停滞期间，纵轴表示半成品量。

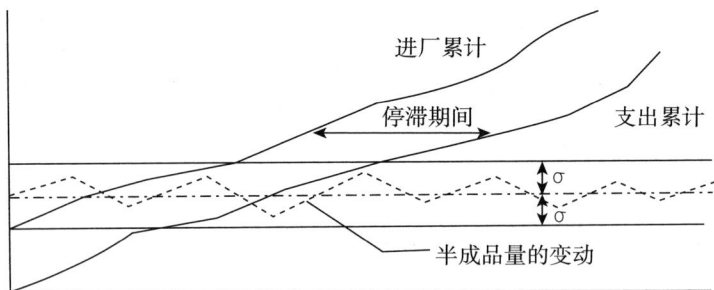

图3–41　流动数量曲线图

144

3–18 工程管理用工作票

工程管理用工作票制度分为单件工作票方式和连记工作票方式。 本节仅就其最基本的单件工作票方式进行说明。

（1）单件工作票方式

管理部门按单件订购、每批次发布一组作业票。 在作业完成时段，通过记录作业业绩制成作业报告书。 各作业票返回管理部门。

①移动作业票：是表示物料移转、加工工程的票据。 1个零件发布 1 张移动作业票。 在不良发生时修正数量。 移动作业票随现货一起在工程间移动。

②作业票：是描述作业指令的票据，分为作业票，检查票，出库票 3 种。 各工程仅发布 1 张。 在作业票上记录实际业绩后成为作业报告书（参照图 3 – 42 ）。

（2）工作票的移动

由管理部门发布一组作业票后，送达各责任车间。 当作业票送达责任车间时，车间主任开始筹备作业，将出库票送到物料库，提出物料支出的申请，并准备好图纸和设备工具等。 仓库支出物料后，将作业票返回管理部门。 到作业预定日那一天，车间主任将物料、作业票、移动票、检查票、图纸等交给作业人员，并下达作业指令。

作业票 No.4.1

发行		完成	
03年7月10日		年 月 日	
发行印 印	检查印	记账印	会计印
检查数	合格数	不良原因	
指定完成日7/13	指定时间0.5	支出时间	作业者
工程编号 P-16	制造编号 ②	数量 20	车间 钣金
图号 BF 104-3	名称 底盘		工程 划线

移动作业票

年 月 日　　工程编号 P-16-②

名称 底盘		数量 20	
工程	数量	收据印	备注
划线			
3 切断			
4 锯切			
5			

图3-42　格式范例

作业者开始作业，当第一道工程的加工完成时，在作业票和移动作业票上记录作业结果，由车间主任将这些工作票返回管理部门。接下来，车间主任将物料和工作票交给第二道工程的作业者，并下达作业指令。第二道工程的作业者执行与第一道工程作业者相同的移动处理，重复上面的流程，最终工程完成后，在现货上附加移动作业票后送往仓库。移动作业票和检查票均返回管理部门。

（3）看板方式

看板方式与上面的工作票方式近似，但它不是工作上的票。 该方式不发布对应状态的作业票，即不重新下达生产指令。 它属于库存补充方式，虽然领取看板后向前回溯至前工程。 但这形成一种自动的生产指示。 此外，看板方式中的产量情况通过返回的看板页数可以一目了然，因此，并不是一种下达的作业指令。 此外，因为批量产品的尺寸就是容器的收纳数，只需清点容器数，就能盘点存货。

（4）连续生产线和工作票

输送带等的连续生产也一样，基本上不属于作业票。 这种方式仅对当日的产量下达指令。 生产线中设置了传感器和倒转器，可以通过它们对产量进行管理。

3–19 作业分配

（1）作业分配是什么

在此前的论述中，已经明确了从何时开始，以及向各个车间分派什么生产任务等相关内容，但关于向什么人具体分派生产任务这一点尚未说明。 为了将中、小日程计划（以旬、周、日为单位的预定生产和预定作业等）转入实施阶段，需要向各作业者和各机器具体分派生产任务。 向车间下达的作业指令，通常以日或周为单位进行。

向什么人、分派什么样的生产任务，这被称为作业分配。 作业分配是监管生产现场的一项重要工作。 在建筑业、出租车行业等的承包作业中，薪酬取决于完成的工作量的多少，因此，这种作业分配规则变得十分重要。 制造业中进行单件订购生产时，为了设法减少订购变化带来的影响，作业者的角色逐步向机动化人员转型。 近来这已经成为了一种趋势。

作业分配以制造指令为基础，根据各工程实施准备（物料、零部件、设备工具等）。 预定产品的生产特征在大多数情况下属于重复生产，因此，通常会提前筹备好人员和生产设备。

在制造业中，每天进行的工程管理的任务重点是设备和生产线的事先筹备工作，其次，就是对操作者缺勤、设备故障、零部件延迟等各种日常意外情况的处理。

所谓制造业中的作业分配，具体来说，是车间主任根据操作者的缺勤情况、机器的闲置状态等向操作者和机器分派生产任务。 应对日常意外情况的现场监管员的工作内容是：每天下达作业分配、作业指令、作业指导、作业监督等。 具体让什么人操作，恰如其分地分配作业，对该作业的管理，选择班组负责人等，这些都属于现场监管员的主要工作。

（2）作业分配的内容和注意事项

作业分配的业务分为作业准备、作业分派、作业指导3部分。

作业准备，以生产分配为基础，准备好从事该生产任务的必要物料、设备工具、作业标准书、图纸等，以便随时投入作业。

作业分派，包括具体确定将各生产任务分派给谁，分派至哪个机台，哪项任务从前期入手等，也称为派发。

作业指导，向操作者具体下达作业内容、作业方法和作业条件指令，然后以此为基础，指导操作者怎样有效地进行作业，防止加工不良等。

1）作业分配的注意事项

①为遵守预定交期，需重点部署，将人力投入滞后工程和瓶颈工程。

②根据操作者和机器的运转能力，应平均分派生产任务。

③以提高操作者的生产效率和设备运转率为重点，分配作业任务。

④不得因为时间空闲，任意增加库存。

2）实施的前提条件

为达成上述目的，必须合理分配作业，同时切实贯彻下面几项。

①掌握现有任务量（现在未完成的订单有多少）。

②掌握交货期限（各任务的交期情况如何）。

③掌握个人进度（操作者和机器现在在干什么，其任务何时完成）。

总之，就是要切实掌握日常生产活动的实际状况（参照

图 3 – 43 ）。

作业分配是什么

> 作业准备
>
> 作业分派
>
> 作业指导

作业分配的注意事项

①遵守确定的交货期限。

②根据作业者和设备能力分派适当的生产任务。

③提高作业者的生产效率和设备运转率。

④缩短制造时间。

⑤减少半成品。

实施作业分配的前提条件

切实把握日常生产活动的实际状况。

①掌握现有任务量（现在未完成的订单有多少）。

②掌握交货期（各任务的交期情况如何）。

③掌握个人进度（操作者和机器现在在干什么，其任务何时完成）。

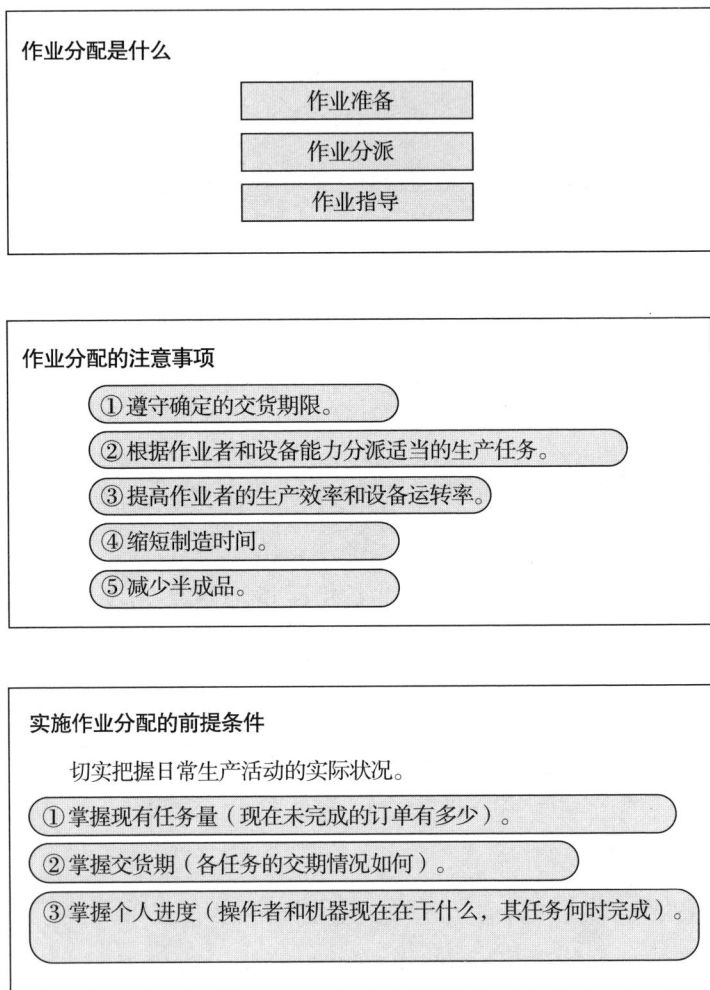

图 3 – 43　作业分配

在单件订购生产和建筑施工等行业中，很难做到像批量生产那样整齐划一。 所以，让项目领导人或车间主任获得更多的现场管理权是一种好办法。 因为这样做，工程管理更容易根据现场的具体情况来进行。 实际上，在单件生产型造船业中采用了推进区制工程管理的方式；此外，在建筑施工管理中，也格外注重扩大现场的管理职能，把更大的权限和责任委派给现场。 例如，将以下职能委派给现场的车间主任和作业组长。

①人员录用和调度（临时工、小时工、派遣工及其他）。

②人员的教育和培训。

③作业指令和指导。

④作业的产出，以及适当性管理。

（3）作业分配和富余劳力的管理

工程管理的目的之一是提高作业效率和设备运转率。 一个作业者手中一定有今天必须完成的某项任务，不允许存在空闲时间，这一点毋庸置疑。 作业分配的功能之一是重点向手中没有生产任务的人员分派工作，平衡生产负荷。 但是，当生产任务的操作难度增加，因操作者个人的技术能力有限，有时会发生无法自如操控平均负荷的情况。 总之，虽然在作业分配时段可以进行一些富余劳力的调整，但调整的效果程度微乎其微。 最近出现了一种方法，依靠减少正式工，增加临时工和派遣工的方式来达到使劳动力的供给发生变化的目的。

151

富余劳力根据下面的公式来进行计算。

余力 = 劳力 – 负荷（任务量）

可掌握余力 = 现有劳力 – 手中现有任务量（负荷）

3 – 20　作业指示的方法

如图 3 – 44 所示，作业指示的方法有很多种。

既有像看板方式那样，一旦没有看板，则自动形成指示的方法；也有事先按日期分类，对生产什么、生产多少进行推测和计算后下达指令的方法。

作业指示还分为顺推法和逆推法。

图 3 – 44 中的 A 方式是将物料和作业指示书视为一个整体，在工程间移动的方式。

图 3 – 44 中的方式是分别对作业者个人下达作业指示的方式。 图 3 – 44 中的 C 方式是向班组下达作业指示的方式。

在向班组下达的作业指示中，又分为 2 种，一种是对组内生产任务下达的作业指示；一种是对输送带等"一个流"单元生产线下达的作业指示。

由于看板方式从开始就已经确定了物料的移动方向，因此，不必对看板的移动方向重新发出指示。

此外，还有一种分类，即直接指示法和间接指示法。

直接指示法会具体落实并指定到个人，因此，该法适用于要求作业者具备操作技能的情况。 直接指示也分为跟随物

● A方式：（物料和作业指示书一起移动）

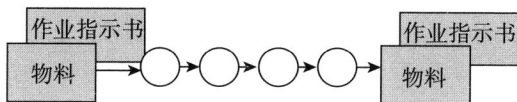

● B方式：（针对工程整体）

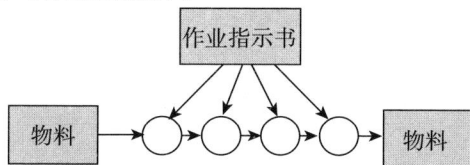

● C方式：（单件作业·各个工程）

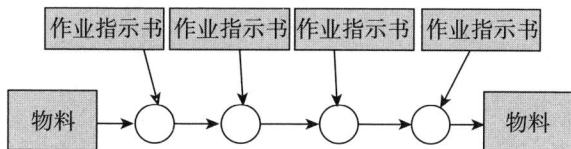

● D方式：（看板方式）

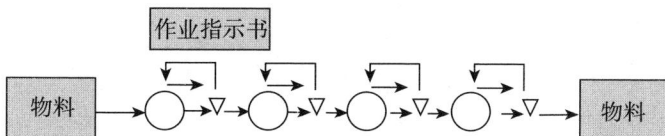

图 3－44　作业指示的方法

料传达指示的方式和在物料移动过程中分别指示的方式。

　　工程确定时，采取间接方式下达作业指示也没有关系。在对于无论什么人均能操作，且作业标准非常明确的情况下，可以采用间接指示。

3-21 作业分配和管理工具

（1）揭示板（分派管理板）

分派作业的方法是发放作业卡（作业指示书），使用分派管理板等。这种管理板放置在生产现场。参照图3-45所示，一个管理板上设有分成3段的格子，当前进行中的作业单据插放在上段的格子里；下道工程的准备作业单据插放在中段。操作者完成作业后取出上段的作业单据，随现货一并交付检查。中段的作业单据移动至上段后，即开始下一道任务。最下段为准备中的格子，作业准备完成后即转入中段。

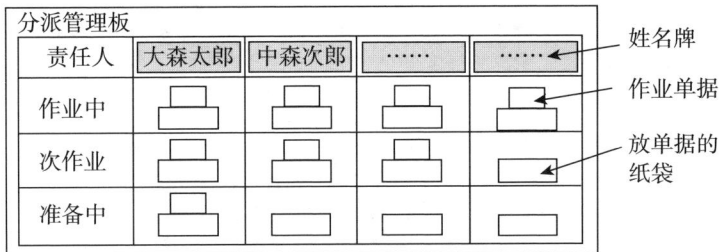

各班长要在完成预定日插入移动表，有时也按下面的方式排列。

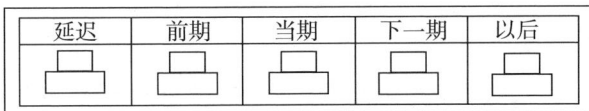

图3-45 分派管理板

154

（2）Come Up 方式

也称为跟踪系统（Follow Up System）。这种方式就是将根据一次多份复制方式（One-writing System）制作成的票据（作业表）按各作业者的作业预定日排序后插入整理容器（即 Come Up 箱）中。结束的作业依次取出。如果生产进度正常，最靠前的单据应该是当天的日期。因此，责任人只需每天早晨查看当天的作业表，就能了解当天的等待任务。接下来只需抽取当天的作业票，就可以开始作业了。这种 Come Up 方式还可用于生产监督等（参照图 3－46）。

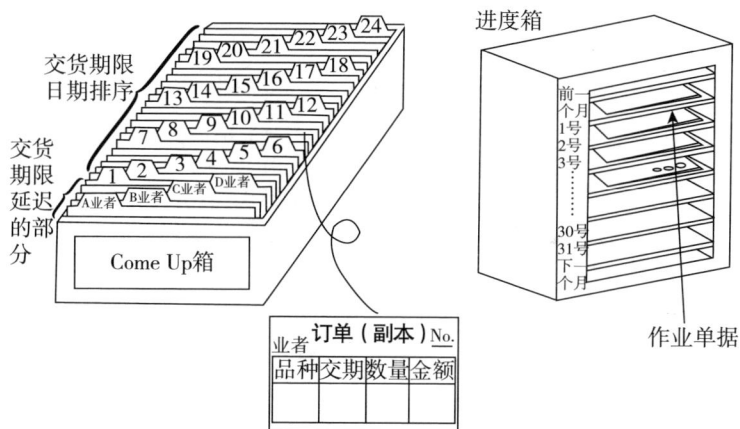

图 3－46　Come Up 方式和进度箱

（3）进度箱

设置按月分类和按日分类的公示架（或抽屉），其中，以日程计划的开始日期为基础插入作业票，只需取出对应日期的作业票，就可以开始作业。在该进度箱中，揭示架的日期是固定的。

3-22　工程统制1：工程的进程管理

（1）工程统制是什么

在生产计划的基础上，为促进每日的生产活动顺利进行，而对各工程和作业进行的管理就是工程统制。

1）工程统制的目的和内容

工程管理的目的是在预定的工期内，按照规格书和图纸等制造出工程的产品。此外，不仅要达到工程质量，还要完成符合合同条件的工程预算，为此，必须以效率化和经济化的施工为方向，拟订施工计划，并进行相应的管理。

总之，工程统制就是狭义的工程管理。生产任务的流程管理和单件作业的管理构成其主体。

工程统制的内容如下。

①掌握各工程的实施情况，根据计划拟订防止生产延误的对策，促进作业如期进行。

②除日程外，还要对产量不足、产品不良、残次品、设备故障、富余劳力、运转率、能率等进行管理。

③做好预知和防范工程异常或延误等情况的工作。工程发生异常时，应调查其原因并采取相关措施。

关于物料，属于进程管理和现货管理，其工作流的过程（工程）是统制的对象。关于人员和机器，则属于富余劳力的管理（运转率管理），其各自富余的状况是统制的对象。

工程统制包括以下几项。

①工程的进程管理。

②作业管理。

③工程质量管理。

④物料、现货管理。

⑤其他：故障管理等。

所谓统制，是指对工程的监管。 一旦发生异常，应制订相关的对策，使工程迅速恢复正常。 因此，建立一个对现场异常情况能够在第一时间内做出反应的机制尤为重要。

工程统制的基本业务如下所示。

①把握现状：作业单据、日报、实际业绩、口头报告。

②测定差异：测定与计划及标准之间的差异和异常。

③调查原因：延误的原因、产品不良的原因、预算超支的原因。

④调整：调整会议。

⑤对策。

⑥确认结果。

2）拟定工程计划

拟定工程计划当然需要归纳整理客户要求的规格和设计内容，在本节中，仅以建筑施工为例介绍其工程计划。 此项计划按以下步骤拟定。

①根据施工内容展开必要的工程，确定其施工顺序

（WBS）。

②对各工程确定必要的工时（人工）和施工的工期。

③制作网络图。

④计算日程，按日历展开。

⑤研讨关键路径，以缩短工期为方向。

⑥调整施工段之间的繁忙与空闲时间，维持平衡。

⑦研讨整体施工能否在限定工期内完成。

⑧将工程计划制作成工程图表。

工程图表范例如图 3 - 47 所示。

（2）工程的进程管理

进度管理、交期管理、日程管理这些用语似乎均和进程管理的意思一样，但对工程管理来说，最适合的应是进程管理。原因在于：在进度管理中，仅对生产任务的整体进展状况，如"工期延误"、"事态严重"等有所掌握，但仅止于此阶段的状况。相反，进程管理则能够在生产现场把握工程间的每一个延误和进展的状况，消除不佳状态和阻碍因素，同时能够解决问题并推动工程的进展。

1）进度管理的方法

首先必须检查生产进度，对计划日程和产量的完成情况进行管理。这就是进度管理。

一般来说，进度从以下 2 个方面进行考虑。

①何种物料正处于何道工程（包括工程独立进行和工程

衔接间的进度）：该进度是否滞后于计划。 对单件生产、建筑施工、项目工作等来说十分重要。

（例1）

No.	作业名	数量	单位	开工日	完工日	进度率	日历	备注

（例2）

No.	作业名	所需日数	日程 5 7 12 14 19 21 26 28 30
1	准备作业	10	⟶
2	支撑组装	3	⟶
3	钢筋加工	3	⟶
4	框架制作	4	⟶
5	框架组装	2	⟶
6	钢筋组装	2	⟶
7	混凝土预制桩打设	1	⟶
8	混凝土养护	7	⟶
9	撤除框架	1	⟶
10	清扫整理	1	⟶

图3－47　工程图表范例

②产量是多少（数量的进度）：各工程中都有些什么物

料（半成品状态）。对持续重复生产来说十分重要。

2）进度管理的步骤

①掌握进度（掌握每天的进度）。

a. 掌握工程进度。

b. 掌握产量。

掌握生产进度的方法如下。

a. 生产业绩的汇总和报告。

b. 工程管理表（作业单据、移动单据、货品单、送货单）。

c. 生产进度跟单员的巡回调查。

d. 采用追加编号。

e. 现场管理。

②进度判断。

将进度判断和工程核销以及计划日程等进行核对比较。

③进度调整。

④工程进展会议。

⑤处理延误情况的对策。

⑥恢复和确认。

3）进度管理的工具

在一系列进度管理的步骤中，无论是掌握实际业绩，还是将实际业绩和预定业绩进行比较时，其表示方法都非常重要。

其表示方法需具备以下几个要项。

作业		1	2	3	4	5	6	7	8	9	10	11	12
1	P	△			▽								
	a	▲			▼								
2	P		△			▽							
	a		▲			▼							
3	P			△					▽				
	a			▲									
4	P			△				▽					
	a			▲				▼					
5	P				△					▽			
	a												
6	P					△		▽					
	a					▲		▼					
7	P												▽
	a					▲							
8	P									△			
	a												

人工

	5												
	4												
	3												
	2												
	1												

成本（千日元）

250 000
200 000
150 000
100 000
50 000

计划 Plan

实际业绩 Actual

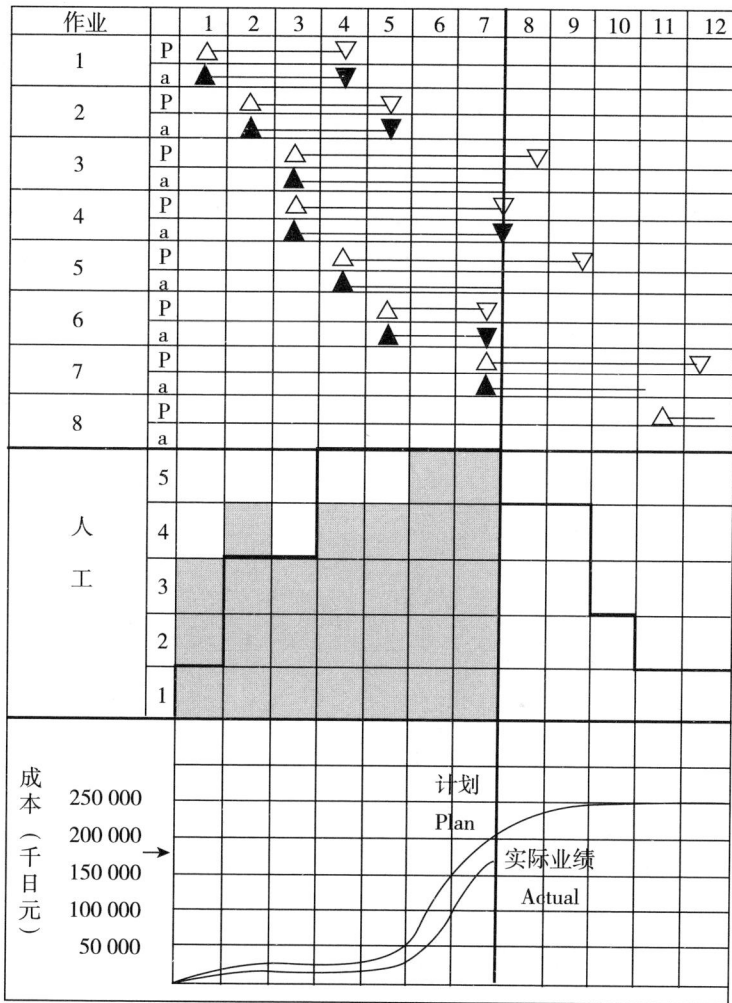

图 3-48　进度管理表（工作进度报告 Status Report）

①任何人都能看懂。

②方便将预定业绩和实际业绩进行比较。

③主任、班长、作业者能够贯彻执行。

④方便易行。

图3-48为进度管理表范例。 图中上段采用甘特图法表示日程。 "△"表示开始，"▽"表示完成，此外，涂黑的"▲▼"表示实际业绩。 中段表示劳动力产出的实际业绩。下段是表示成本的S曲线。 该图正好描述了某年7月份的生产实际业绩。 该进度管理表反映出：日程符合预期计划，成本低于预算。

4）各工程的进程管理

需要按工程类别来把握进度状况。 为此，应掌握各工程的实际作业业绩（工时、质量）和核销计划。

当发生或预测到异常情况时，应立即上报。 此外，还要迅速联络前工程和后工程。 需要支援时应尽早提交通知报告。

其目的在于：能够彻底执行前工程管理，防止返工和修改。

在工程进度管理中尤其需要注意预定变更和事故处理的情况。 事故处理包括缺勤、设备故障、纠纷、残次品、质量不良、工程延误等问题。

5）工程进展会议

相关人员集中讨论事故原因、应对方案及对策等，该会议的目的是积极推动工程的顺利进展。

在工程进展会议中需执行以下内容。

①设想延误和发生延误的原因，检查异常，提交通知报告。

②处理延误情况的对策：分工，加班，公休日到岗，提高能力，以及灵活运用外购。

③制定处理突发情况，以及规格、质量、数量和交期等的变更情况的对策。

④调整进度。

3-23　工程统制 2：工程的品质管理

（1）工程和品质的关系

众所周知，"品质靠工程打造"。 就是说：只要各工程的作业者认真地掌握设备条件和加工条件来进行作业，一定能实现期望的品质。

还有一种说法，"工程顺利正常，品质自然优良"。 就是说只要设备等能正常运转，工程品质也就有保障。 这种情况下，应提前明确工程异常的定义以及检测异常的方法。 只要工程无异常，一般不用检查工程品质。

所谓工程品质管理，就是要确认各工程应达到的质量项目和标准，并对这些工作能否执行到位进行检查。 一般情况下，在完成如图 3-49 所示的 QC 工程表后再具体实施。

工程品质管理包括下述内容。

①设定各工程的质量标准、QC 工程表。

163

②检查：验收、自主检查、抽样检查、巡回检查。

③作业方法的管理。

④设备品质管理：设备指设施、机械、模具、设备工具、检查装置、检测器材等。设备品质管理包括设备条件管理和设备维护。

QC 工程表		产品编号		品名	传动轴	工序名	传动轴加工	认可		制作		日期	
工序编号	工程名或设备名	管理点			管理方法								
		管理项目	品质特性	实验计测器	标准规格	负责人	品质记录	作业标准	异常事态负责人				
	原材料验收	材质	构成缺损生锈	分析器	厂家规格无	检测人	分析表	检测标准 K - O11	班长				
6	NC 旋床	加工尺寸精度	外径尺寸全长尺寸	测微尺高度尺	25 + 0.005 155 + 0.1	操作者	检查表 (1)	M - 003	班长				
7	清洗机												
8	外观检查												
改订		版本	制作	认可	变更内容								
		1											
		2											

图 3 - 49　QC 工程表范例

此外，如 ISO9000 系列中的规定所述，工程品质管理非常重视批量管理。对于什么时间，由什么人，在什么样的条件下进行生产等的跟踪管理均做出了规定。为了确保工程品质，避免出现不良品，应认真开展对作业者的培训工作。 此外，有必要在生产和工程中构建一种防止人为误差情况的体制。

关于作业品质问题，应从"轻量作业"的角度出发来考虑问题。 这是一种从工程一开始就能，通过正确操作达到确保产品质量的思维模式。 因此，准备好作业标准书和作业指导很关键。 在作业标准书中，除作业步骤外，应具体记录如下几项：对品质产生重要影响的作业重点，对作业顺利进行或进展不顺时的判断等。 例如，在焊接等工程中，焊锡机和工作的温控管理是作业的关键。 当焊接顺利进行时，作业标准书的描述为：焊接过程流畅。 作业指导通常在生产现场进行。

（2）检查和工程监督

QC 工程表是一份按照各工程类别，描述应该怎样进行管理的书面说明。

QC 工程表中描述了各工程的管理要点及检查要点。 只要工程管理切实到位，就不需要检查，这也并非是遥不可及的梦想。 当工程能力欠缺，工程管理和作业水平不可信时，则需要借助测试和检查等手段对优等品进行筛选。

产量少的情况下，原则上应该对所有产品进行检查。 检查方法分为抽查和巡回检查，但无论哪一种检查都含有较强的工程监督的意味，例如监督工程条件是否良好，作业是否正确执行等。 最理想的体制构成是由后道工程的作业者检查前道工程。

工程监督需执行如下内容。

①巡回检查。

②核查工程能力。

③设备监督。

（3）工程品质管理体制

作为工程品质管理体制，需具备如下几项（参照图 3 – 50 "新产品品质审查体系"，在此仅作参考）。

①关于新图纸的工程研讨会议：对新零部件和新零件工程进行的品质检测项目的研讨；对必备检测仪、设备工具、加工条件等的研讨；准备作业标准、检查标准等。

②品质指导：不良品防止和与质量相关的标准作业等的培训，以及训练计划的拟定和实施（包括外购方的品质评级）。

③防止不良品会议：设定工程或生产线单位的品质目标，评价实施结果和品质，发生故障时迅速采取对策。

（4）不良品损失管理

对不良品损失应采取如下措施。

①处理：对不足部分的补充、手工修正、返工进行管理。

②措施：损害赔偿等。

③对策：调查原因，采取预防措施。

步骤	标准及产出
新产品企划	新产品企划书
↓	
设计、试制	开发设计功能检查表
↓	
设计审查	设计评审
↓	
量产审查	产品试验法
	产品规格
↓	
品质审查	品质审查检查表
	审查报告书
↓	
量产开始	初物检查
	作业批示
↓	管理工程图
制造工程	QC 工程表
	管理功能审查报告书
↓	
工程管理功能审查	
	工程检查
↓	巡回检查
工程品质管理	设备检查
↓	发货检查报告书
发货	协同检查

图 3 – 50　新产品品质审查体系

3－24　工程统制3：物料管理和作业管理

（1）物料和现货管理

物料和现货管理是指对外购及购入零部件的管理，"在规定交期内交付期望品质的产品"。 关于外购和购入零部件的品质，需要对购入验收规格及外购工程等进行工程审查，还要对规定的零部件进行确认。 同时，对制造工程进行定期查验，如果状态不佳，需采取整改措施。

现在，零件调度对国外的依赖性越来越高。 以日本的汽车产业为例，过去曾出现过类似情况：在合作国的生产水平提高前从对方外调的话，需格外重视其品质和交期管理。 具体措施如下：需确保标准化零部件、设备工具及检测仪器等的配备和调度期间；做好一年一次彻底落实品质作业指导的思想准备。

物料和现货管理分为供应零件的品质，交期管理和现货管理，具体应执行下述项目。

①物料的准备和补给。

②现货保管管理：半成品、常备品等的数量，劣质化、失窃等的管理。

③外借品管理。

④良品和不良品，人工修理品，退货等的管理。 参照ISO9000系列中的规定，良品和不良品要经过严格的区分管理。

⑤剩余物料的管理：对剩余物料实施管理的同时要在设计部等处进行备份，以便灵活应用。

⑥对上述内容进行的仓库管理和搬运管理：把握现货（半成品）的处所和数量，明确保管和搬运等情况。 库存量和账簿数据有时因以下几点原因核对不上，这时应采取必要措施逐一解决。

　a. 订购批次和生产批次的分类不一致或变更。

　b. 原储存场所不明确，或场所变化。

　c. 外借、挪用等的处理。

　d. 不良、损伤、遗失、失窃等。

　e. 其他：输入数据错误等。

（2）作业管理

作业管理对维持工程品质和提高生产性能来说非常重要。 作业管理的重点有 2 项，其一是对作业本身的管理，是以保证品质和提高生产性能为追求目标的标准作业。 其二是对作业者的培训、工作热情及操作技能的管理等。

作业管理包括如下内容。

①作业标准的设定和维持。

②指导监督。

③作业者管理：考勤管理、操作技能管理、工作热情。

④安全卫生管理。

169

（3）其他

与工程统一管理相关的其他管理如下所示。

①能源及用水管理。

②环境管理（温度、湿度、尘埃等）。

3－25　单件订购型的工程管理

（1）单件订购型的制造和建筑施工的特征

单件订购型企业若想在经营策略上获得成功，必须满足如下条件：从项目开始到项目结束的整体工程的计划要能够具体实施；能够应用 WBS 法展开业务。 另外，应用 WBS 法能切实展开业务和课题需要做到如下几项。

1）将经验者积累的经验反映到工作计划中

尽管称之为单件订购，但其中必定积累了不少同类工作的经验。 例如成套设备建设，桥梁或大楼建设，以及软件开发等，应有效利用来自各行业的经验。 在软件行业中，如果能够利用通讯系统软件，或业务数据库等领域的经验，是最理想的。

根据经验，能够对构成主体的生产任务是什么，在哪一道工程执行什么作业，做出什么样的调整是必要的，或预测可能面对什么样的风险等做出判断。 对于预测工期和难易程度的判断，如果能灵活利用经验及积累的专有技术，就能更加切实地拟订正确的方案。

2）应用工程管理工具时的数据

前一项是人们通过直接任用具备操作经验的人员来实现的，与此相对，另一种方法是通过应用过去项目经验的数据来实现的。 当应用工程管理工具推动项目进行后，其数据就成为在后续项目中能够继续使用的数据。 通过确定某种程度的通用规则，这些数据或者可全部用于未经特别指定的大多数项目中，或者可以使用其中的一部分，或者作为参考数据。 这也可以说是应用工具的一个优点。

3）应用项目管理的原理和原则

关于项目管理方法，包括国外在内的诸多机构已经进行了多次研究，如 PMBOK（参照本书第 2 章），一体化项目进展的指导方针已应用于各种场合。

再次重申，这些指导方针大多将项目的进度分为"筹备"、"计划"、"实施"、"控制"、"完成"等工程，把与这些工程对应的事项称为知识领域（管理领域），还可进一步分为统一管理化、范围、时间、费用、品质、组织、交流、调度、风险等项目。

也就是说，这些指导方针寻求如下结果：定义对象范围，进行任务的展开、计划、控制等；另外，关于项目组织的运营和沟通，在什么环节，采用什么方法来实施等也要进行定义和执行。

关于时间、费用、质量等问题，此处不再重复说明。 但关于知识领域的平衡统一，风险应对，或来自企业外部的调度等，则应拟定合理的规则并予以实施。

（2）工程管理的要点（参照图3-51）

①设置合理的工期。 突击型施工不可取，但合理缩短工期却与大幅度降低成本息息相关。 因此，预测时应考虑充分（如气候、节假日、检查等各种情况）。

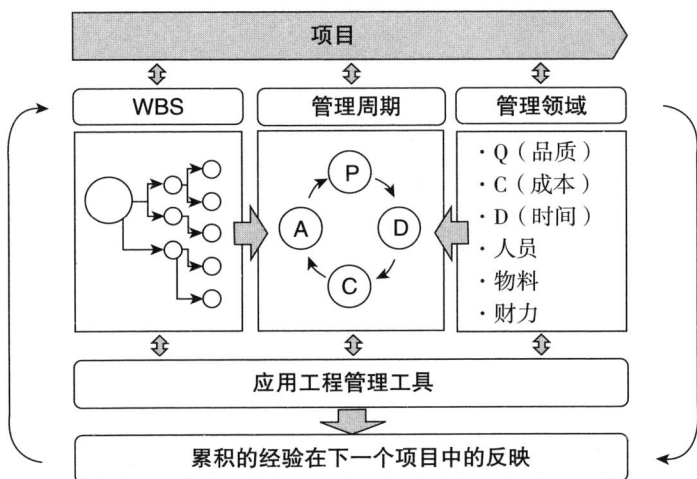

图3-51　单件订货型产品的工程管理要点

②明确管理重点。 关键路径的视点很重要。

③立案、拟定周密的工程计划。 尤其要拟定周密详尽的施工准备计划，防止返工。 明确作业步骤和相互关系，使每个人都能充分理解。

④防止施工规格变化太大。 减少客户规格变更和设计变更的情况，做好事前控制工作。

⑤预测故障，采取早期对策。 在工程中严把质量关，设定工程品质标准和检查重点。 以安全作业和零事故为目标。

⑥力求缩短工期。 实行 JIT 式物料搬运和事前分配原则。 特别注意工程最初的作业情况。

⑦同行、部门间加强信息沟通。 各专业人员应充分理解分派的任务与己方衔接的前后工程间的关系。 彻底贯彻下达事项及故障时的联络工作。

第 4 章
系统开发的工程管理

在本章中，将以构建信息系统为中心，针对系统特征和系统开发项目工程管理的必要性以及其展开方式进行阐述。

4 –1　系统开发的特征

信息系统适用于人员、产品、金钱、信息、知识等要素，并由这些要素构筑而成。　与生产系统不同，信息系统无法采用物理方式，如肉眼辨识。　所以，工程管理的好坏会直接导致开发失败或被迫终止，这种例子屡见不鲜。　相信不少人对于前不久见诸报端的日本都市银行系统故障的新闻仍记忆犹新，实际上，在这些企业的基础系统开发中都存在着工程管理方面的隐患。

系统在开发过程中应该采取何种工程管理方法，在本章中，将以系统开发工程管理为题，针对其根本问题进行说明。

一般情况下，企业系统分为财务会计系统、产品开发管理系统、购买管理系统、生产系统、生产管理系统、环境或质量管理系统等。接下来，将针对与企业应用业务相关的基础系统和支持系统，以及如何推进其开发管理进行介绍。

参照图4-1所示，企业信息系统与一个有机生命体相同，各个进程的功能好比有一个有机活动的生物实体。工程管理将贯穿整个系统，掌握系统的各种功能（执行常规检查），并根据目标长期发挥这些功能，为使一切保持良好的运行状态需要实施运行控制管理（Operational Control），同时，为适应周围环境，还要进行革新管理（Innovation Control），以谋求改善，促进发展。

现在被称为"大竞争时代"，企业的信息系统面对市场、客户需求、技术变化等，长期处于企业内外环境变化的夹击之下。为了应对诸般变化，必须选择恰当的时机进行适应。所谓系统的革新管理，就是这一层意义上的管理。

企业的信息系统开发必须适应外部环境，把"创造以前从未有过的结构和做法"作为长期目标，同时，系统开发工程管理也要求具备更高的专业性。可以说，灵活应用 ERP（企业资源计划，Enterprise Resource Planning，）和 SCM（供应链管理，Supply Chain Management）等 IT 手段（Information Technology）构筑信息系统是实现适应客观环境变化的方法之一。

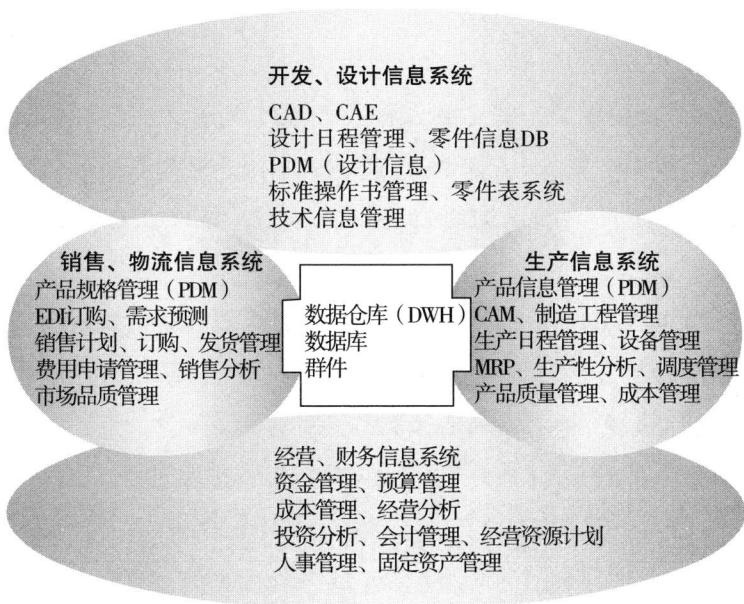

开发、设计信息系统
CAD、CAE
设计日程管理、零件信息DB
PDM（设计信息）
标准操作书管理、零件表系统
技术信息管理

销售、物流信息系统
产品规格管理（PDM）
EDI订购、需求预测
销售计划、订购、发货管理
费用申请管理、销售分析
市场品质管理

数据仓库（DWH）
数据库
群件

生产信息系统
产品信息管理（PDM）
CAM、制造工程管理
生产日程管理、设备管理
MRP、生产性分析、调度管理
产品质量管理、成本管理

经营、财务信息系统
资金管理、预算管理
成本管理、经营分析
投资分析、会计管理、经营资源计划
人事管理、固定资产管理

图 4 - 1　企业信息系统范例

4 - 2　系统开发工程管理的必要性

（1）根据管理状况系统开发的成本会增加

软件和系统开发这一领域问世的时间不长，因此，与产品开发、设计相比，合适的管理人才并不多。原因可能在于组织的选择和因材施教的方法，还有与管理者自身选择工作的方式相关。

这里有一个很有意思的数据，该数据是杰拉尔德·温伯格（Gerald M. Weinberg，软件领域最著名的美国专家之一）根据 B. 伯姆的资料得出的一组与软件开发经济性相关的数据。伯姆提出了一些导致软件开发成本增加的主要原因，在这些原因中，管理、系统（体制）、人员、工具 4 点最重要，其中，"管理"被认为是软件开发过程中成本增加的最重要的原因。

资料表明，在上述 4 点原因中，"管理"对系统开发成本增加的影响占绝对优势。这一结果告诉我们：高层经营管理者应该把努力改善组织的重点放在哪里。

当大多数经营管理层在面对优先改善哪个方面的问题时，可能会给出与上述内容截然相反的答案。如果向某公司的经营者出示该结果的话，对方可能会给予如下的回答："我们正在努力改善管理能力。可能不像你期望那样，会在管理方法和培训上投入财力，但企业会在对员工进行评级上花费很多时间。因为当企业决定让某个人升任管理职位时，会用到这些评级。"

即便同一位管理者，当他成为适合管理系统开发的管理者时，由于一般企业中相对缺乏这类人才，所以很难对他们做出评价，这也是实际情况。

表 4 – 1 系统开发项目中存在的主要问题

①责任关系不明确的开发合同和开发目标。
②内容和定义不明确的需求规格。
③放任式管理模式，交给现场的项目管理。
④形式主义式事前评估、中期评估。
⑤实际执行困难，图省事的验证测试。
⑥用摸索的方式进行系统间的接口调整。
⑦必要但不能确保的开发资源（人员、设备等）。
⑧不成体系、没有效果的工程教育。

（2）系统开发管理容易陷入混乱

企业构筑的系统随硬件性能的飞速进步，IT（Information Technology）技术的快速发展，以及第二章提到的范围（Scope）的扩大化和复杂性，促使要件的水平不断提高。

另一方面，系统开发是一种没有固定规格要求的作业，引发返工、业务混乱的可能性较高。因此，在很大程度上会依赖人员的水平和能力。并且对于管理者而言，由于不容易通过目视看到项目的进度和活动内容，造成问题潜在化，应对起来也容易滞后。特别是对 IT 技术等自信心较高的项目经理，当由他们负责管理时，会比较缺乏危机意识。此外，如果对自己周围的状况把握疏漏的话，更容易导致项目业务陷入混乱。

结果，就会发生表 4 – 1 所列举的问题。

179

4-3 系统开发中的品质问题

系统开发中发生的品质问题如图 4-2 所示。 如果开发工程不完善，有缺陷的系统产品就会进入下一道工程，或面临发货。 还会导致分析故障、检测错误、进行修正的成本增加。 此外，为了应对这些问题，需要重新分配工时，被迫中断现在进行中的开发工程，这样交期更加紧迫，问题必然重新返回到开发责任者手中。 另一方面，当开发工程的负荷增大时，发生错误的次数必然增加。 不但如此，还不得不进行抽查验证产品的品质，整个过程将会陷入恶性循环（Boomerang Cycle）。

在系统供应商的情况下，客户的抱怨和恶劣评价会比好的评价更容易传到其他客户那里，由此会导致客户流失、营业额减少的最坏结果。

根据对某饮料厂商的调查显示，如果在索赔满意度答复中表达不满的客户最初有 8 人，这 8 个人会把不满进一步延伸开来，告知自己的 10 个朋友或熟人。 相反，在索赔答复中表示满意的客户，最多只会把自己的观点告诉给 4 到 5 个人。

开发管理者应该具备事前防范意识，提醒自己不要因为反感负面消息而导致不能够正确把握开发现场的状况；不要无目的地对开发责任人施加压力（如不恰当的介入），影响其正确的判断。 否则会使开发过程陷入恶性循环。

像这样，在系统开发项目中，当管理者和相关人员之间

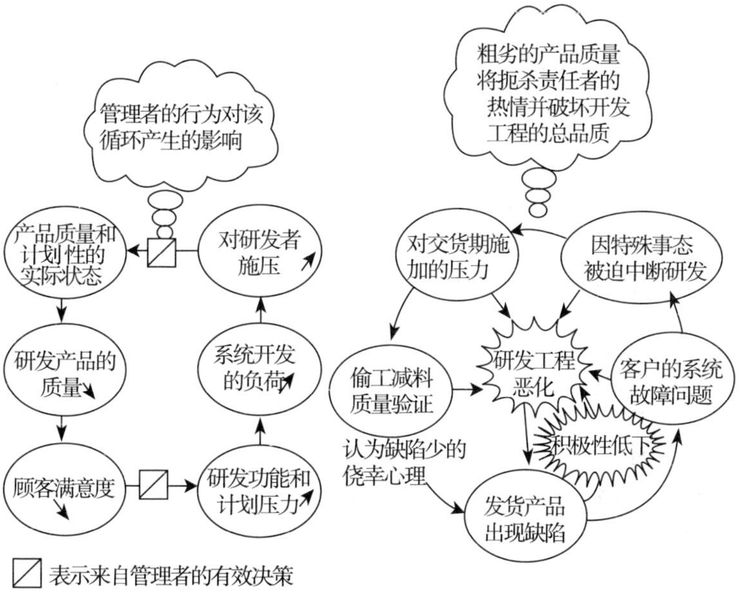

□ 表示来自管理者的有效决策

图 4-2 客户评价和开发工程不完善所导致的恶性循环

的沟通存在较大问题时，容易出现"项目混乱"的局面，因
此要构筑一个"可管理的项目"绝非易事。

系统开发工程和产品开发工程不同，其反复性较小。 也
就是说，系统开发没有固定的用于解决上述所列举的问题的
方法。 另外，可参照本章 4-7 中谈到的卡内基梅隆大学
（Carnegie Mellon University）软件工程研究所开发的能力成熟
度模式（Capability Mutuality Model for Software）和软件过程评
估（SPA：Software Process Assessment），虽然相关内容被纳
入 ISO/IEC 规格，但也未提出具体的解决办法。 这 2 种方式
提供的都是一种通过对问题的评估，凭借自己的能力发现问

题，并自行解决问题的观点。 为了解决系统开发中的问题，必须立足于组织本身固有的条件，参考世间诸多方案，形成一种由自己开拓并找出合适本企业的解决方式的组织能力。

今后，企业在追求变革的过程中，应有效应用 IT 知识，对企业进程进行划时代的改革，或许这才是制胜之本。 因此，是否能掌握系统开发状况，是否具备独立解决问题的组织能力，以及项目成熟度的高低等因素与企业之间的基本竞争力息息相关。

4－4　系统开发工程管理的特征

ISO10006 第 5 项中对"项目"的定义如下：项目由一系列能够管理和协调的具有开始及结束日期的活动组成，并且是为了完成具有时间、成本和经营资源等制约条件的目标而实行的一种特定过程。 此外，注意事项如下

①单个项目可以是一个大项目结构的组成部分。

②对某些类型的项目，要根据项目的进展来确定阶段性的目标，并明确产品的特性。

③一个项目的成果可以是一个或几个项目的产品。

④项目组织的设定是临时的，并且只限于项目期间内。

⑤项目活动之间的相互作用是复杂的。

此外，按该标准定义所示，开发系统是一个特定的过程，应从集合性和相关性出发明确对象过程。 而且，该范围

具有目的性，作为开发系统的目标，一直到开发结束都必须
保证其环境的适应性，同时随着项目开发的进行，应分阶段
对目标做出准确规划。

另一方面，早在 ISO10006 制定之前，PMI（美国项目管
理学会，Project Management Institute）将"项目"定义为"为
创造独特的结果和服务而进行的期间性活动"，并特别强调
其"独特性"。

表 4–2　项目管理的定义

ISO10006 的定义：为达到项目目标在一个连续的过程中，对所有方面进行规划、组织、监测和控制。 （出处：ISO10006 JIS Q 10006，《品质管理—项目管理的品质方针》，1997 年第 1 版。）
PMI 的定义：满足项目业务主体和其他利益相关方（Stakeholder）对该项目的要求和期待。此外，为了获得最佳成果，应选择最恰当的知识、技术、工具和方法。其关键在于维持下述制约事项间的平衡关系。 　·范围（职责范围）、日程、成本和品质之间 　·各要求事项和期待不同的其他利益相关方之间 　·明示的要求事项和默许的期待之间 （出处：日本项目管理论坛，《根据 PMBOK 的 IT 项目管理教科书》，第 2 版，2002 年。）

在这里，所谓"独特性"，是指项目的结果和服务即使
在某些方面具有相似性，但从本质上来说是独一无二的。

183

笔者认为 PMI 的定义或许更符合今天的时代。

为了特定的目的，在确定的期限内，以最有效、最经济的方式灵活使用资本、设备、人员、物料（材料、产品）等经营资源，并对此进行计划、管理的结构就是项目管理。 在进行信息系统开发时，可以断言项目管理的"好坏"会左右企业的存续。

在本节中，对"项目管理"的定义还可参考表 4 – 2 所示的内容。

4 – 5　系统开发的管理模式

在系统开发中，与产品开发不同，无论是技术和方法，还是项目目标，都会不断变化，而且，系统开发涉及的利益相关方也较多。 首先让我们来了解一下系统开发的管理模式（特性）。

近年来，关于软件品质和安全，已在 ISO/IEC 等中进行了各种规范。 工业产品的品质已有明确的品质管理规定，但软件和系统开发的品质，由于一直以来以特定的客户为对象，还没能引起人们的关注。 只有当编码错误和开发错误等问题发生时，才进行相关的修正，这已经成了一种趋势。

正如品质管理的含义，品质就是"针对用户而存在的价值（顾客提供价值）"，"开发工程只是为了满足顾客的需求和期待"，诸如此类的想法在系统开发中很常见。

184

关于品质管理，被誉为"零缺陷之父"的著名的菲利浦·克劳士比（P. B. Crosby）说过，不努力的管理者最常用的理由是"我们的事业与其他事业不同"，"提高产品品质需要花费成本，而那样做毫无意义，我们也无暇顾及"。他们只在乎如何在早期阶段正确地开展工作，而对于降低系统的开发成本则漠不关心。

在这里，特别列出由克劳士比命名的 5 个管理阶段：不确定期，觉醒期，启蒙期，智慧期，确定期。在该基础上，杰拉尔德·温伯格又定义了 5 种管理模式，加上"无意识"模式一项归纳如下（参照表 4 - 3）。

表 4 - 3　5 种管理模式

模式 0　无意识型：没有意识实行工程管理。
模式 1　可变型（不确定性、变动）：有意识对产品质量进行负责的初级类型。对个人的努力依赖性强，所以，项目日程和费用变化基本依赖于个人力量。
模式 2　习惯型：面临突发事态时，沿袭传统习惯的类型。即使有根据一般条件设定的 ISO 等规则步骤，项目管理者和项目主体对规则的背景和本质并不理解，因此，具体的执行只是形式主义。
模式 3　掌舵型：根据结果挑选习惯的类型。这种类型的管理者并不具备特殊的管理才能，仅基于过去成功的经验，利用其感召力下达命令，进行管理。
模式 4　预知型：以过去的经验为基础，把习惯当做标准来确定的类型。
模式 5　契合型：这种类型的组织成员遵循科学的方法论进行沟通。但要想在很多问题发生前能够采取预防措施，会比较困难。

185

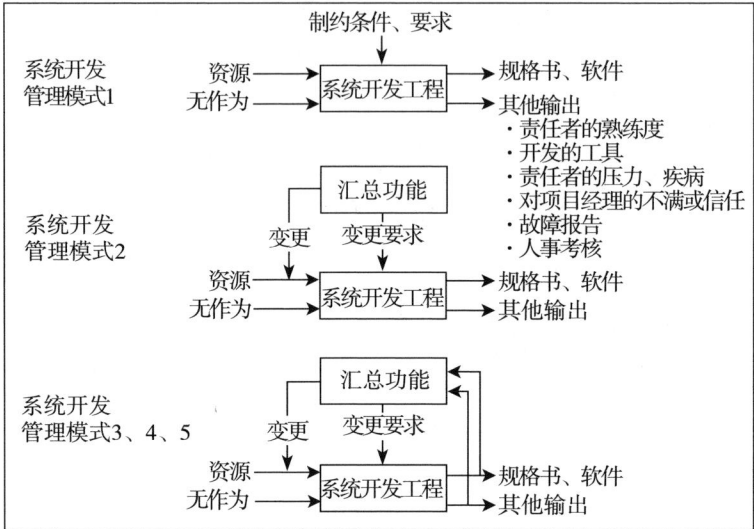

图 4 – 3 系统开发管理模式图

在系统开发管理模式中，据说大约 90% 属于模式 0 或 1，9% 为模式 2，只有约 1% 属于模式 3。 关于这些管理模式可参照图 4 – 3。

管理模式 1，从责任者的角度定义，该模式属于"请明确告知需要何种产出，分派多少资源，然后完成"型。 当这种管理模式的制约条件或外部需求模糊不清时，管理模式 0 的未管理部分就会直接从外部制约中脱离系统开发，结果变成开发者独自进行的开发。 但是，如果从获取更高品质（附加值）、进一步管理和统一的角度考虑，应设置几种汇总功能。 这样，其第 1 步就成了模式 2 的雏型。

为了使管理可行，管理者除了间接调整开发人员和开发环境资源之外别无他法。 这些方法包括如下几项。

①培训开发责任人。

②购置开发工具，提高能率。

③选任优秀的开发人员，提高小组能力。

④设立奖惩制度和激励机制。

⑤撤换不当的开发人员，提高小组的危机意识。

这时，模式 2 的管理者并不了解开发队伍中发生的情况
（没有来自工程的反馈信息）。 因此，只是简单地改变输
入，无作为的状况会依然存在。 而无作为是扰乱管理者无法
主控的外因。 模式 2 的管理者容易陷入的误区是，对现场的
观察不足，在自己的座位上坐观天下。 而且自认为，"如果
不连续下达命令，就无法掌控局面"。

管理模式 3 是一种在模式 2 的基础上增加反馈功能的模
式。 管理者要想了解在开发工程中发生了什么，需要对相关
性能（Performance）进行测试，并在决定后续控制活动时应用
之前的测试结果。 但是，仅凭借反馈测试和控制活动还远远
不够，管理者必须从其开发工程的状态和输入情况中了解真
正原因，并找到一种能够采取恰当措施的模式。 项目的中层
管理者往往只会收集信息，而不能够真正有效地利用信息。

为了根据反馈信息进行恰当的管理，需注意以下几点。
同时，要使中层管理者能够充分理解。

①拥有理想的构思。

②观察现实的状况。

187

③具备比较现实状况和需要改善的状况的能力。

④具备接近理想状态的能力。

从管理模式 3 起，为了升至管理模式 4 或 5，必须学会思考科学的管理方法，并实施下面的 4 项行动。

①设想可能发生的状况并拟定计划。

②观察具有重要意义的状况是否会实际发生。

③比较观察结果和计划。

④为了使实际状况尽量接近计划，应采取必要的行动和措施。

系统开发工程管理的工作大多是在参照未来计划的基础上，对那些有所欠缺，反馈控制不到位的状况提前做出预测并采取相应的措施。换句话说，是"期望进行的计划"和"进行后出现困难的计划（风险管理）"二者兼而有之。管理活动就是以这些计划和实际业绩间的差异为基础，不断地进行修正。

4 -6　工程管理者应具备的资质和能力

系统开发是一种由开发人员共同参与实现的成果，它与制造工程等机械性重复作业不同，和一般的功能型组织结构相比，系统开发负责人精神层面所占的比重更大。因此，对于系统开发的管理者来说，首先要求他们具备领导能力。

在 ISO9000：2000 规格中，对包含质量管理原则在内的领导能力进行了如下定义："领导是质量方针的制定者，应统一组织的目的和方向。 为使全体员工参与实现方针目标，应构筑和维护一种使员工充分参与创造的企业内部环境。"

另一方面，杰拉尔德·温伯格则给出这样的定义："所谓领导，为创造性地解决问题，他应具备一种能力，即能够构筑令所有人发挥才能的环境……"

其次，衡量管理者的标准只有一点，那就是"被管理者的成功"。 即使项目成功，如果因为日程安排过密，导致参与者生病，家庭分崩离析，人的精神极度疲惫的话，也不能称之为真正的成功。

温伯格还介绍了项目小组成员对成功项目有所贡献的管理者的评价。 现列举如下。

①对小组成员给予积极的心理暗示。

②下达的指示正确明白，任务不明确时，始终和善地解释。

③非本质性问题，不会束缚具体责任者。

④鼓励责任者尽己所能，朝可能实现的方向开发。

⑤尽量将任务简单化，适当地添加困难。

⑥明确时间段，说明其背景理由。

⑦具有发现问题的洞察力，能同所有人进行明确的沟通。

⑧设定让人们感受预期成功的场景。

⑨即使与自己的想法冲突，也会高度评价对方的创造性方法。

189

⑩为适应环境变化，能选择适当时机调整变更计划。

⑪不含私心杂念地期待他人的成功。

表4-4是由温伯格总结的关于项目经理所需的资质和管理能力一览表。

表4-4　项目经理的资质和管理能力

·项目经理应具备的资质
①灵活性和前瞻性
……对项目的不确定性予以应对的能力
②诚实
……对项目的目的、目标的坦诚态度，获得利益相关者都认同的诚实
③坚韧的意志和体力
……控制整个项目，坚持到底的意识和火车头般的体力和精神
④机敏和良苦用心
……对变化征兆和变化波及的影响做出机敏的判断，能慎重地应对
·项目经理应具备的管理能力
①掌握基本管理技巧，具备随机应变的素质
……对预测、计划、组织、激发、调整、统筹等的理解
②学习 PMBOK 基础事项
……特别是对项目工程管理领域的理解
③拥有决策力
……拥有恰当的判断标准和洞察力，即使对未知事态也能根据客观形势做出决定
④对财务、会计知识的理解、衡量、统筹能力

4 – 7　项目管理的成熟度模型

在本节中，将围绕几种软件开发和项目管理的成熟度模式加以阐述。 可以在参考这些内容的基础上，配合各企业的实际情况，分阶段确定项目评估和方法论。

首先，是卡内基梅隆大学软件工程研究所（SEI）开发的软件开发组织"能力成熟度模式（CMM：Capability Maturity Model for Software）"。 此外，可以采用 ISO/IEC TR 15504 中"项目能力标准"的观点，用标准 0 ~ 5 的 6 个阶段来定义管理对象——开发工程应具备何种程度的形态。 具体参照表 4 – 5 所示。

表 4 – 5　项目管理的成熟度模式和能力标准

等级（标准）	成熟度模式（CMM）	进程的能力标准
5	优化级	最优化
4	管理级	可预测
3	可定义级	已确定
2	可重复级	可管理
1	初始级	已实施
0	——	不充分

CMM 把组织的能力标准按"成熟度"分为 5 个等级，并提供其分类模式。 其主旨在于利用自主评估，分阶段积累改善成果。 表中列举的 6 个等级的"项目能力标准"显示了开

发工程的能力。 第4等级的主要着眼点为：测试和统一工程，提高性能，确定改善活动，同时，以技术革新为重点进行开发工程的结构改造。 "成熟度"和"能力标准"2种模型虽然角度不同，但希望大家能认识到其共通之处。 在此基础上，或许能对本书4-5中的图4-3的管理模式4有更进一步的理解。

其次，美国项目管理学会PMI（Project Management Institute）发行的PMBOK Guide 2000年改订版中，与项目管理成熟度模型（PMMM：Project Management Maturity Model）相关的内容，可参照表4-6。

表4-6　发展型项目管理成熟度模型

等级	PM 成熟度模型 （PMMM）
5	最优化进程
4	管理化进程
3	组织标准化、制度化进程
2	进程和标准体系化
1	初始进程

在该成熟度模型中，5个等级和PMBOK的9个知识领域均以矩阵形式被排列。 例如，等级3的"统一管理"的管理领域，即知识领域（参照本书1-7）中的"项目的统一作业遵循标准以制度化形式体现，项目办公室汇总了项目信息"等内容。 等级1初始进程仍停留在依赖经验及专业技术的层

次，属于图 4 – 3（本书4 – 5）的管理模式 1。

关于项目管理的成熟度模式的观点很多，但笔者认为，从企业这一组织能力的角度出发，PMMM 的 PM 成熟度模式最为恰当。

4 – 8 工程管理组织的作用和功能

今天，商业速度已经发生了质的飞跃，项目的工程管理作为系统开发的能动性活动，需要对其能力和水平提出更高的要求。 此外，企业把系统开发任务交给系统供应商，项目的进度状况成为来自供应商单方面的报告。 这种情况下，企业的主体性何在？ 因此，业界开始寻求解决之道，即确立项目工程管理组织，把系统开发的工程管理的信息情报集中汇总，通过学习使形式知性化。

尽管系统开发是在项目中一步步推进的，但并非所有的系统开发均在项目组织中进行。 即便在传统的职能型组织中，与各相关部门间的职责定义和沟通等只要遵循跨功能小组模式进行（跨功能小组即 CFT，一套针对制程设计方面落实了 5Sigma 管理品质标准的提升方法。 沿袭了日式 TQC 的机能别管理，被用来做为一项持续改善的工具），就能推动项目的正常进展。

一般来说，企业的组织形式分为职能型组织（Functional Organization），项目型组织（Project Organization），及矩阵型组织（Matrix Organization）。 当系统开发规模大、复杂程度高时，可采用项目型组织，并且其作为一种独立的组织而存在；中等规模或小规模时， 则多采用矩阵型组织形式；此外，当项目的新颖度低、类似项目的重复性高、比过去的项目熟练程度高时，可选择矩阵型组织或职能型组织（参照图4－4）。

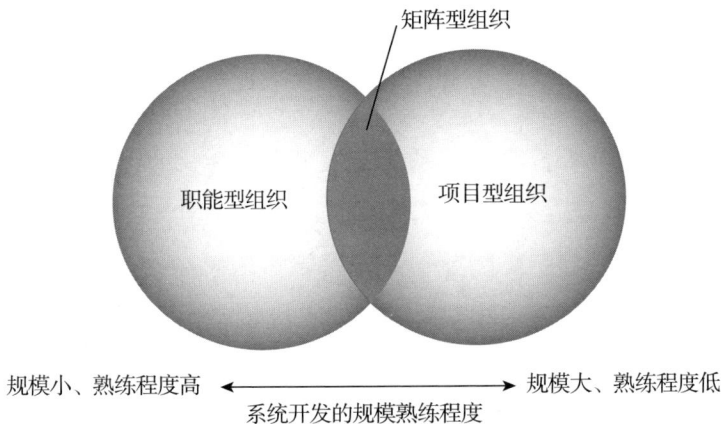

矩阵型组织

职能型组织　　　　　　项目型组织

规模小、熟练程度高 ←————→ 规模大、熟练程度低
系统开发的规模熟练程度

图4－4　系统开发规模和组织形式

在选择推动项目进展的组织形式时， 可参照 ISO/JIS Q10006 第5.8.1 项的 "项目组织结构的明确化" 中的规定，如表4－7所示。 表中的 "组织母体" 一词， 一般泛指职能型组织。

表4－7　项目组织结构明确化的要点

●通常情况下，项目组织结构依据组织母体的方针和项目的特定条件来确定，因此，必须灵活应用之前的项目经验
●项目构成应在所有相关项目之间构筑有效的沟通机制，促进彼此合作，并在此基础上立案
●项目组织的构成应与项目范围、项目组大小、地域条件、母体组织间的权限及责任分担相对应，项目管理应以实现该内容为目标
●需要特别指定或确定项目组织与下述内容之间的关系。 ——客户和其他项目利益相关方（Stakeholder） ——尤其是监测日程、产品质量、成本等项目功能的责任者
●分派经营责任、权限和具体责任，此外，拟定职务记录书
●应该特别注意执行质量系统和执行监控的项目功能，以及该功能和其他项目功能间的接口
●重新修正项目组织结构，确认其针对性和适当性，定期拟订计划并实施

接下来，将在图4－5中具体说明系统开发时通常选择的项目组织形式。

系统开发时的项目组织根据系统等级和需求功能（系统构成）的多寡、风险度等因素分为若干个阶层结构。由1个阶层构成的项目组织可全权委托项目领导（以下称PL）或初级项目经理（以下简称PM）；升至3个阶层结构时，上层的PM成为项目整体的总责任人。当系统规模进一步扩大，阶层进一步增多时，有时会增设项目经理和项目群总监等职位。

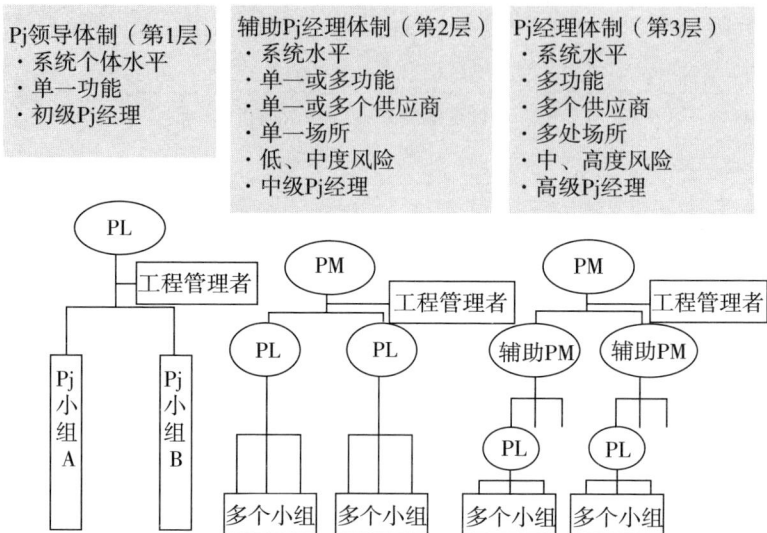

Pj领导体制（第1层）	辅助Pj经理体制（第2层）	Pj经理体制（第3层）
·系统个体水平	·系统水平	·系统水平
·单一功能	·单一或多功能	·多功能
·初级Pj经理	·单一或多个供应商	·多个供应商
	·单一场所	·多处场所
	·低、中度风险	·中、高度风险
	·中级Pj经理	·高级Pj经理

图4-5　项目组织体制

综上所述，项目的阶层由项目的特性、规模、难易程度、客户、软硬件供应商等项目利益相关方的特性、数量、开发地的分散程度及风险大小等因素决定。

项目组织体制不同，管理责任者的称呼也会随之变化。将项目组织的阶层高低、系统等级大小等与管理的难易程度之间的关系用概念表述的话可参照图4-6所示。

根据由组织阶层的高低决定的 PL 或 PM 一人负责的范围，以及准备工作的负荷大小等因素差异的不同，管理的难易程度也会随之发生显著变化。因此，有时需要分设代理客户意见的"客户视角领导"和代理开发者意见的"开发视角

196

领导"等辅助管理责任者的职位，并需要增设接卜来将要阐
述的项目办公室。 在此，将该代理管理责任人和项目办公室
称为"项目工程管理者"。 当项目组织体制规模较小时，有
时也由 PL 或 PM 兼任项目工程管理者一职。

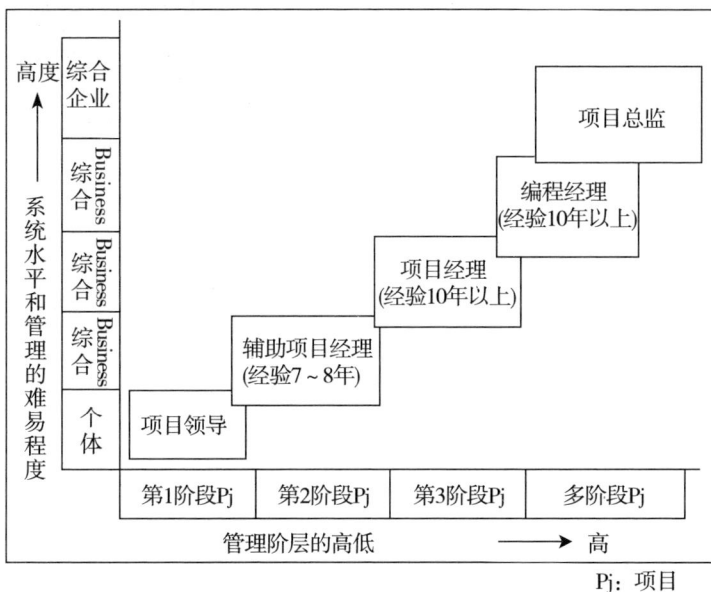

図 4 –6 项目组织的管理阶层

4 –9 推进工程管理体制发展的项目办公室

参见本书 4 –7 中关于项目管理成熟度模式（PMMM）的
叙述，首先必须从等级 1 依赖个人能力，或依赖专有技术经

197

验的水平提升至等级 3 "组织标准化、制度化进程（工程管理）"的水平。

因此，应在项目工程管理者支持的基础之上，以促进企业项目型组织形式的运营为目标，来设立专门的"项目办公室"组织。

项目办公室不仅针对系统开发，对企业的革新而言，它还是一种为项目工程管理成熟度服务的临时增设的机构。如果能良好运用，今后它将成为一种有效的组织。接下来，将对其进行详细介绍。

表 4-8　PMI 对项目管理办公室的定义

①支持在组织内部普及和实践项目管理的体系化方法论。在整顿运作体系化和教育制度的同时，生产现场的项目经理应根据标准化程序进行管理和指导
②在项目实际执行阶段，收集、分析数据和汇总文档资料。通过向重要项目利益相关方发布相关资料，支持项目经理的工作。核查未执行的项目问题，协助商讨改善的对策
③在组织内连续开展项目管理培训，促进项目管理能力的提升。不仅开展培训能力和知识的教育型学习，通过项目经理层之间的交流，营造相互探讨的环境也极为有效

在企业革新项目等运营中，项目办公室的使命如下。

①将具有革新意义的战略目的、系统开发和信息化战略进行统一。

②迅速整理和处理各业务部门之间产生矛盾的系统要项。

③推动系统开发按计划完成。

以完善项目管理基础为重点的项目办公室需承担的职责
可参照表4－8所示，该表为PMI（Project Management Institute）对项目办公室进行的定义。

此外，其具体业务内容还可参照表4－9。

表4－9　项目办公室业务内容范例

PD 的功能	业务内容
构建项目研修体系	·项目经理的知识、技术体系培训 为促进项目改善活动，从责任者到监督者、管理者，都应参与学习工程作业规范和管理的重要性 ·项目经理职业教育 说服力、沟通能力、领导能力等
项目工程标准化	·项目管理的工程改善方针和工程作业规范的设定 工程和文档资料标准化 ·工程管理工具的构建 提高管理工具等的管理效率，完善促进工程改善的指标工具
支持项目进度	·计划书的制定与评估支持方法 收集、分析项目管理过程中发生的数据，对项目予以支持
项目实际业绩管理	·广告品质、生产性等的评价 收集、分析、反馈项目实际业绩管理的数据

4－10　促进项目工程改善的项目评估

有些企业以 SPA（软件过程评估 Software Process Assessment）的观点为基础，在实践中开展促进项目工程改善的活动。 在此，特列举一例以助理解。 项目评估并不是传统意义上重视产出的活动，而是重视工程质量，为了评价改善状况和改善效果，实施相关促进方案的活动。

在该例中，促进工程改善的方案如下。

①完善工程改善方针和工程作业规范。

设定适合所在企业的能力成熟度诊断模型（CMM：Capability Maturity Model for Software），完善项目工程的改善方针和操作规范。

②完善 SPA 推进体制。

为促进工程改善，在进行项目评估的同时，把评估组成员作为关键人员进行培训。

③完善项目工程评价体系。

设置成熟度等级完成情况的定量指标，促进改善目标管理。

该例中的企业正在实施上述环节之一——项目管理评估，其评价项目如下。

①是否能参照恰当的项目计划、预定、标准和方针，对项目状况进行评价。

②评价结果在双方当事人之间展开讨论，讨论内容是否包含下述事项：

以活动状况或软件产品的实际评价为基础，按计划进行项目活动等。

因 ISO/IEC 12207 更关注二者间协议的过程模型（项目工程管理模型），特此以本节内容作为参照。

接下来的例子，是以某咨询公司的个体项目管理为例，将企业内的多个项目管理的能力水平如表 4 – 10 所示那样进行评价。

表 4 – 10　项目管理能力

等级	项目管理能力
5	有企业内统一标准，有项目管理文化
4	实现横跨业务部门间的项目管理
3	通过聚焦战略重点，进行项目管理
2	执行稳定的项目管理
1	项目性能不稳定

此外，近年来系统开发项目中不确定的因素越来越多，在整个公司范围内对多个项目的关联性和性能进行管理的业务日趋重要。因此，在这家咨询公司中，应采用投资组合管理各项目，在项目的里程碑阶段（工程的进程）重新考虑对策，并从业务战略等多重视角做出评价。

如上所示，可以预见今后进行项目评估的项目办公室的职能必然会变得更加重要。

201

4 – 11　系统构成的定义

从本节开始，将以与项目的实际执行、推动相关的项目工程管理为重点展开论述。

关于系统开发项目工程管理，首先要从理解系统构成的定义开始。 为了推动系统开发，必须明确标记作为对象的系统结构和关联性，并在理解的基础上推动项目进展。 为此，应该了解系统构成和过程这一双重构造的概念。

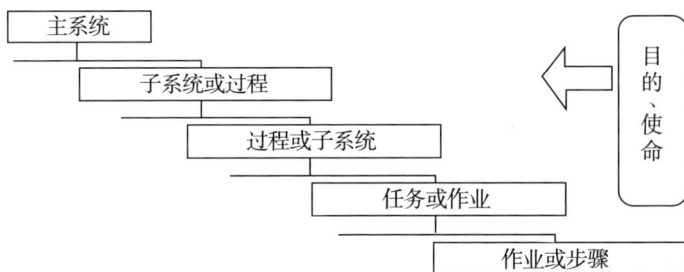

图 4 – 7　系统的构成

系统承担着对各个层级的目的和使命，开发主系统（下面简称"系统"）的对象范围需对应各目的和使命进行分解，并对其功能构成进行定义。 系统并不局限于一种功能，其构成情况可参照图 4 – 7 所示，从高层级向详细的作业层级递降，分解为具体的功能模块，最后，整理其相关内容并进行定义。

这里的"过程"，在 ISO9001 : 2000 中定义如下："输入转化为输出，并且相互关联或相互作用的一系列活动。"

为了实现过程的转换作业，需要将过程进一步细分为
"任务（工作）或作业（活动）"群，该"任务（工作）或
作业（活动）"群之间相互关联，而且相互作用，有机地联
系在一起。

可以说，子系统或过程是一种用于管理的最恰当的单
位，实现统一的上层功能所承担的目的、使命和目标。

例如，制造企业开发生产管理系统时，为了在各生产单
位的生产部（子系统、过程）对工厂、业务部门实现的收益
目标、质量和生产目标能够进行管理，必须统一系统整体的
生产目标，设置子系统或过程。

而且，应将该子系统和过程作为生产线、生产工厂、制
造管理、库存管理等各部门的业务和作业单位，具体分解成
任务或作业，使其工作流在流程图中直观可见（参照图 4 -
8）。

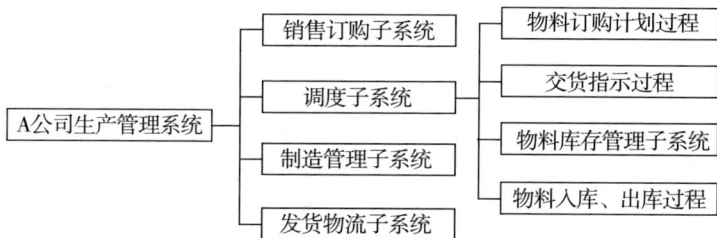

图 4-8　生产管理系统的构成范例

4 – 12　过程的分解和定义

参照图 4 – 9 和图 4 – 10 所示，系统开发对象的系统模式由业务过程构成，业务过程可进一步分解为作业过程。

系统模式采用"业务过程"表述，其构成要素是任务。此外，任务的构成要素的分解采用"作业"表述。

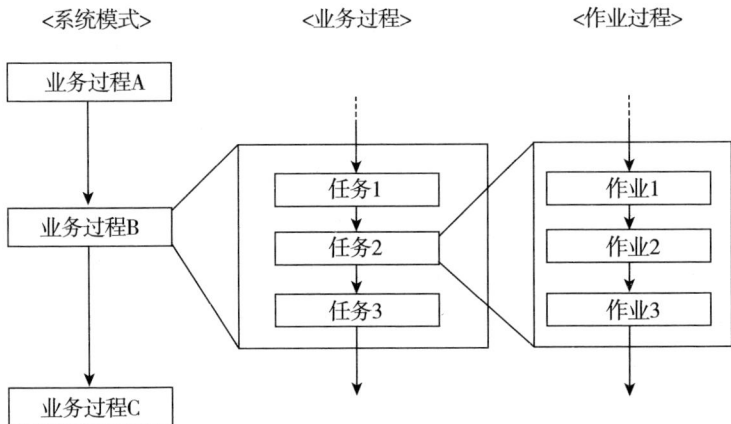

图 4 – 9　过程分解

所谓作业过程中的作业，是作业和业务统一而成的工作流。例如，在营业部门中，"接受订购"这一任务可以细分为几个作业：为了把拿到的客户订单反映到生产计划中，对任务进行加工并输入企业数据库；与销售计划数据库对比后进行加工；准备销售计划完成率等进度管理的资料。

同样，关于采购部门"订购零件"这一任务，是以生产

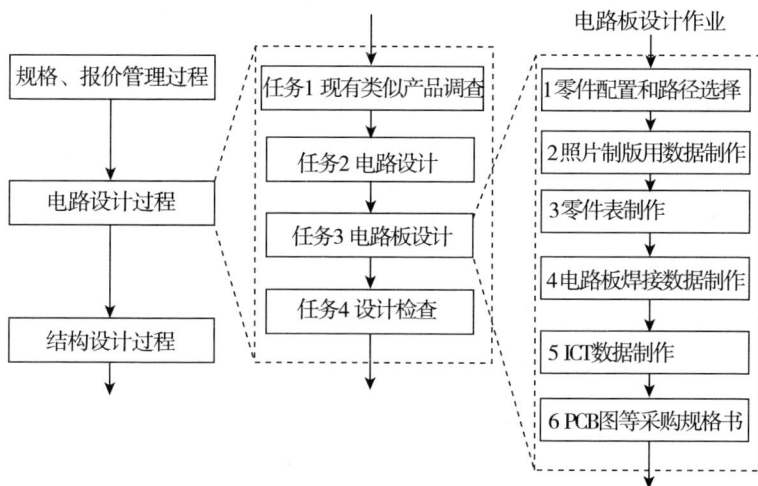

图 4 – 10　E – CALS 设计系统的过程分解范例

计划和产品零件表等标准信息为基础，根据零件种类执行的
必备零件的订单任务。

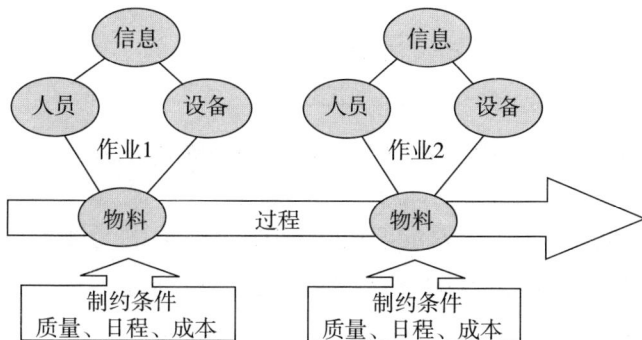

图 4 – 11　作业（activity）流程和过程要素

为了完成以"订购零件"等为目的的任务（业务），参照图 4－11 所示，需要执行若干项作业。

执行作业时，必须具备几个要项：作业的"人员"；直接加工对象的纸、电子载体；产品、零件等"物料"；处理加工物料时使用的电子终端及生产设备等"设备"；加工时必须具备的专有技术、标准、基本生产信息等"信息"。其次，只有加工对象"物料"作为输入进入下一工程。

这些过程要素是决定与目的、目标相应的业务和作业成果的因素。它们在构筑下述制约条件的过程中是非常重要的因素，并成为进行系统开发时的直接设计对象。

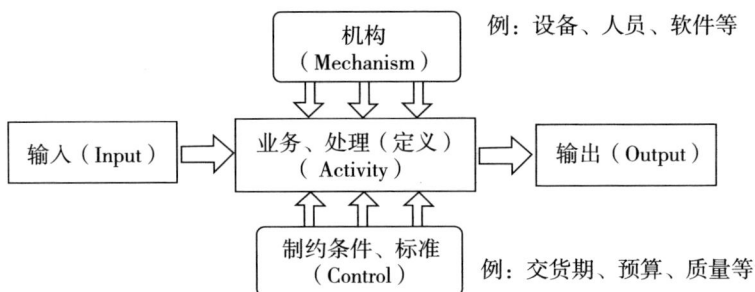

图 4－12　采用 IDEF 方法描述的业务过程

另一方面，作为加工处理的作业成果的"物料"是一种有目的的实体，它受到"下一工程的作业实现何种品质"，"到何时为止"，"数量多少，工时多长"等"制约条件"的限制。

而且，为了更清晰地标记这一过程，以美国国防部为

206

首，采用了根据 IDER 法进行描述的方法。 该标记法可参照
本节图 4 - 12 所示，采用回答问题的方式来记录业务过程，如
"与单位业务（作业）相对，ICOM（Input、Control、Out-
put、Mechanism）是什么"。 这是将图 4 - 11 所示的"人
员、设备、信息"汇总后，作为"机构"来明确描述业务
（作业）定义的一种方法。

理解上述系统的基本结构对开发系统来说是十分必要
的。 如果不能正确理解系统的构成、结构和定义，系统开发
计划就会在模糊不清的状态下立案；如果不能在分担开发任
务的小组之间取得共识，就会因偏执的想法导致合作出现问
题。 结果，不仅无法充分实现作为系统目的的功能，连项目
被赋予的使命也将成为空中楼阁。

4 - 13　项目的工程分解

系统开发是采用有别于传统的结构和方法进行构建的，
因此，一般情况下，系统开发由"项目"形式构成，并通过
多方面、多部门人员的参与来展开作业（项目的定义可参照
本书 4 - 4）。

与产品开发相同，系统开发中也有工程，可分为两种：
第一，从企划、概念设计到构筑应用，按"时间序列展
开"；第二，根据开发对象——系统的大小，将系统模块分
解成子系统和过程后，再按"系统构成展开"。 关于系统构

207

成，请参考本书 4 - 11 的图 4 - 7。

这里所说的"工程"，英文表述一般为 Process（过程、进程）；在 ISO 中的定义如下："输入转化为输出，相互关联或相互作用的经营资源与活动的统一。"在这里，将系统开发的对象——业务和作业的构成要素称为"过程"，将表示伴随其系统开发的业务和作业顺序的要素称为"工程"。

"时间序列展开"的层级结构如图 4 - 13 所示。

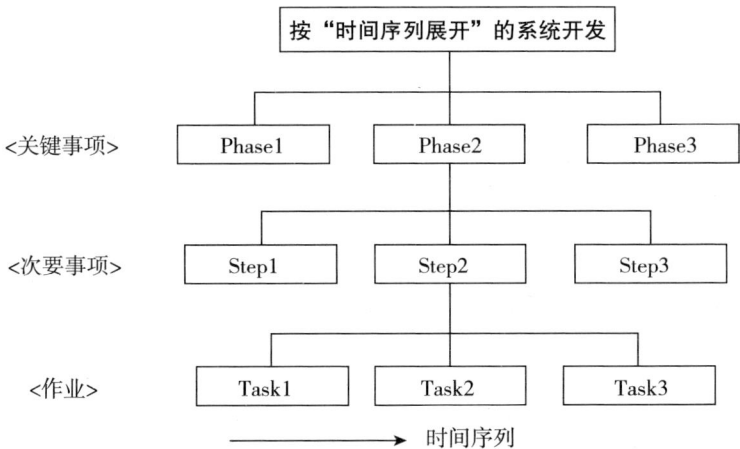

图 4 - 13　系统开发工程的层级结构

在产品开发中，一般倾向于将关键事项的层级称为"Stage（阶段）"，但在系统开发中习惯上将其称为"Phase（时期）"。例如，在系统开发过程中，将关键事项的 Phase1 称为开发企划阶段，Phase2 称为概念设计阶段。而且，在 Phase2 的次要事项中，把 Step（步骤）1 作为系统实际

状态分析和问题点提取出来，把 Step（步骤）2 作为系统化要
项和设定的目标，以阶段性方式推动业务进展。

这一按"时间序列展开"的层次深浅可根据系统的大小
来选择。 在电子书面系统等小型系统中，有时也从"次要事
项"展开。 "时间序列展开"是项目到某一时段为止，必须
完成的"统一工作的汇总"。

为了使系统开发对象的范围更广，系统构成的展开必须
将分解的子系统或过程单位分派至项目下属的各个小组。 与
过程的分解相同，从开发工程的整个过程起，到具体作业过
程的设计为止，系统开发作业的实施工程应分别展开。

该"系统构成展开"和"时间序列展开"合并后的概念
可参照图 4 – 14 所示。

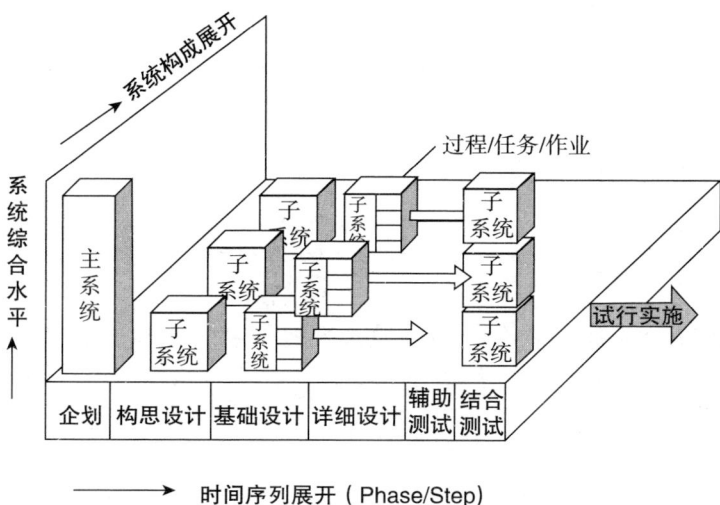

图 4 – 14　时间系列展开和系统构成展开的概念图

209

在推动系统开发的过程中，以项目业主为首，包括项目经理和项目领导都必须理解这种"系统构成展开"和"时间系列展开"的概念。

在此，需要用到计划系统开发项目的同时，在统揽工程整体示意图的基础上推动项目进行的计划管理工具。

在这类工具中，有传统的 PERT（Program Evaluation and Review Technique）和 CPM（Critical Path Method），但 PERT 和甘特图等传统日程管理工具之所以能派上用场，是为了适应管理造船和工厂的成套设备建设等大型建筑和建设项目的需要。

这些大型项目中经常出现由上百例复杂作业构成的情况，但计划的原则却并不复杂。

也就是说，只要确定什么时间，在什么地方，实施什么作业就可以了。例如，在商务楼建设作业中，无论楼体的结构多么复杂，只要把每一个准备好的作业和构件连接并组装起来就行了。

因此，虽然作业按各自独立的"连续作业"进行，但只要在完成某种程度组装的阶段，根据此时的规格变更信息，基本上就不会出现返工后拆毁、不得不重新组装的现象。而且，即使返工，最多也只是对部分进行改动而已。

另一方面，新产品开发和系统开发与上述项目最大的差异在于创造性地改变现有产品和现有系统。

为了推动这种革新，新产品开发和系统开发作为一种复杂的"学习工程",需要选择适当的时机反馈结果和评价,这之前与之后的工程和其他开发小组之间的合作是十分必要的。

合作的内容就是从工程下游(后工程、系统用户等)的作业和使用情况中获得知识经验,改变开发上游的业务和作业方式等。

像这样,在系统开发中,上游工程和下游工程之间彼此依存,并相互探求二者间产出物的有效性,被称为"协同作业"或"连续作业"。

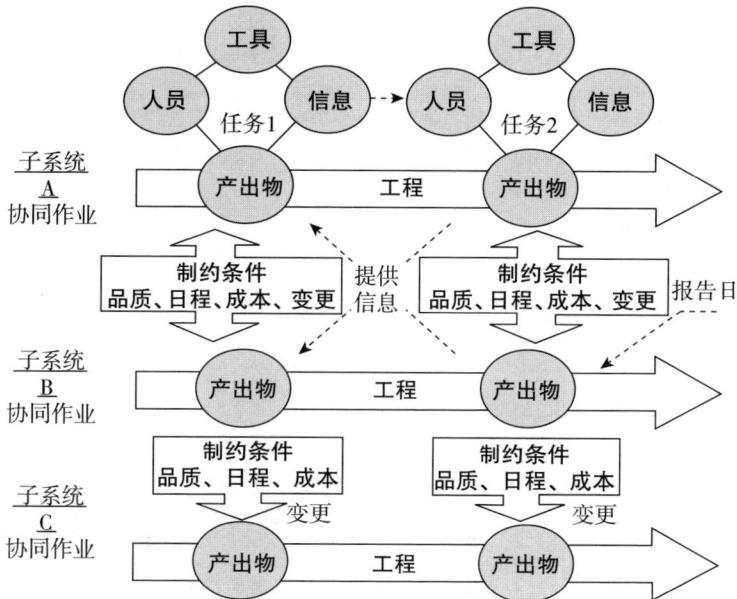

图 4-15 系统开发的工程要素和协同作业、连续作业

以"产出物"为中心的图4－15中，以"物"为中心的作业的工作流和过程要素似乎有相似之处，但其实它们存在本质上的差别。

后者是上文提到的基本上不存在返工现象的建筑业和一般业务过程，而系统开发工程，可以形象地将产出比作领土，子系统比做军事意义上的中队，各个中队共同合作，在撤退的同时缓慢地夺取战果（控制范围的领土＝产出物）的同时，一步步控制整个领土范围。 系统开发工程和这个道理是相通的。

换言之，企业的系统开发是以从市场这一战场获取战果为目的，在观察战况的同时，开发并构建系统。

像这样，以"物"的移转为中心的作业过程和以获取"产出物"（有时不得不根据具体情况终止制作）为方向的系统开发工程，在本质上存在着不同。 现将系统开发工程和作业过程的差别进行总结，如表4－11所示。

在后面的章节中，将进一步就系统开发等项目工程管理的各个领域展开详细论述。 但在这里，我们将管理领域（知识领域）都泛称为"某某管理"。

表4－11　系统开发工程和作业过程的差别

对比项目	系统开发工程	作业过程
使命	创造有别于传统的结构和做法	按标准方法执行准备好的规定作业

（续表）

对比项目	系统开发工程	作业过程
目的	结合需求，对开发对象的系统、程序进行分析和设计	遵循既定操作规则，加工、组装物料（或数据）
管理特征	追求期限性和成果的独创性	连续性和反复性，追求符合既定标准的产品
构成要素	人员、开发工具、信息	人员、设备、信息
程序/作业步骤	程序、路径随机应变	遵循既定的标准路径
作业方法	无定规作业（根据变更信息发生变化）	定规作业（标准作业）
人员技能	依赖性大	除特殊工程外，基本不会依赖
输出（Output）	调查报告书、图纸等文档资料	加工物
后工程的输入	同上 + 备份数据等信息	同上
制约条件	品质、日程、成本、变更信息	品质、日程、成本（标准时间）
其他工程/同其他组之间的信息交换	故障等附加事项（意外事件）的预测信息、反馈信息	除异常信息外基本无（意外事件）
返工	开发过程中可能频繁发生，但开发后可控制在最小范围	基本无，过程顺利即使有，仅限于重复作业和修理

4-14 范围管理和沟通管理

（1）项目工程的范围管理

范围管理通过对"产品范围"和"项目范围"2方面的管理，成为利益相关方之间衡量共通判断标准的重要基础。

"产品范围"是定义项目产物——系统的功能和特征的标准，并且其是否完成是以该系统的要求事项为准来进行判断的。

另一方面，"项目范围"也是以制造产物为目的的必要的作业范围，其是否完成还可以计划完成度为准来进行判断。

参见本书1-6，工程组分为筹建、计划、执行、控制及结束，下面分别对各组进行说明。

1）筹建时的范围管理

筹建工程是项目推进组织在进入新时期之际，为了获得来自相关方的正式认可的工程。

筹建时的范围管理应取得进入新时期的认可。

在该工程中，应以前一时期的下列各项为基础，对项目自身希望输出何种产品做出充分的定义并确认。

①项目产品记录书。

②战略计划。

③项目筛选标准。

④到当前阶段为止的项目进度信息。

输出中包括如下几项。

①项目（或时期）计划书。

该计划书包括商业需求、产品记录书和最终形态（目标）。

具体内容如下：

a. 目的和目标。

顾客和经营高层（项目业主）的需求和问题。

b. 项目推进方针。

达成目标的基本思考方法和时期或步骤。

c. 适用范围。

开发功能、设备、场所和技术支持服务的分类。

d. 产品。

向客户和业主提供的产物（标准产品、订制产品、服务产品、相关文件）。

e. 参考资料。

②选定项目经理或项目领导人，规定其职责范围。

③制约条件。

费用、期间、需求规格、性能、旧系统数据的处理等。

④假设（前提）条件。

针对延迟和项目环境变化的应对方法等。

2）范围计划的产品

范围计划的产品利用范围记录书来制定，但应尽可能规定成本和日程等定量完成的目标。

范围记录书是一种在项目业主、项目经理和项目执行小组之间，对项目的目的和产品内容等达成共识的标准。

其输出和内容如下：

①范围记录书。

a. 商务需求的合理性。

b. 最终产品概况。

c. 主要产品清单。

d. 达成的数值目标：成本、日程、质量目标值。

②详细备份资料。

③范围管理计划书。

a. 怎样管理项目范围、怎样反映其变更。

b. 假设的项目范围稳定度。

c. 怎么对范围变更进行识别和分类。

3）应用 WBS 分解可管理的作业要素

应用 WBS（Work Breakdown Structure）将范围计划的范围记录书中定义的产品按可执行作业展开。 范围定义不充分时，会导致项目延迟、生产性低下、工作热情低下等，最终还会导致项目成本增加。

输出是 WBS，其内容如下：

①预测成本、时间、必要资源。

②在进度管理中定义基准线。

在初期计划中增加执行许可变更后的标准值。

③明确作业的责任和权限（OBS：灵活应用组织分解结

构，Organization Breakdown Structure）。

4）验证项目的产品

该工程是对时期（或步骤）的产品是否满足既定需求事项而进行的验证，是一种接受项目业主和项目经理认可的手续。也被称为项目评估、产品评估、监查、或"走查（Walk-through）"。

输出及其内容如下：

（项目产品的验证结果）

①范围验证：对照范围定义验证项目产品。

②质量管理：验证与需求事项的契合度，必要时立即更正。

（2）项目工程的沟通管理

沟通管理是一种把握项目现状的重要管理。在沟通管理中，应反馈进度信息，在恰当时机指示变更等信息，并派发文档资料。

EVMS（Earned Value Management System，挣值分析法）是与该项目相关的利益相关方之间使用的通用语言，因此，需要对它有所认识。关于 EVMS 的说明参见后述。

1）沟通计划

对项目的共识从沟通计划开始。

在沟通计划中，利益相关方（Stake－holder）特别指定必要信息和沟通需求，即需要明确什么人，在什么时间，出于什么目的，将什么信息作为必要信息的相关内容。

项目工程管理者需了解对项目产生巨大影响的项目组织结构，并根据其影响规模的大小和影响波及期间的长短来拟定沟通计划。此外，计划中应该包括定期修正一项。

沟通计划的根本在于：向必要的人员适当地传达必要的信息，并迅速进行相应的反馈。为避免沟通信息中出错，关键是选任项目小组的对外窗口的负责人，使信息沟通与传递统一化。

输出如下所示：

（沟通管理计划）

①由谁，向什么人，传达什么信息和报告。

②沟通周期的时机和传递方法。

③反馈处理方法。

2）信息发布和进度报告

沟通工作的根本在于反复仔细地传达重要信息。向项目利益相关方传达必要信息，就是将对方纳入项目中；同时，通过向不太合作的利益相关方公开项目信息，提前使其对项目有一定的了解。

另一方面，确定与项目成员间的信息共享手段，能够达到间接提高项目效率的目的。

进度报告应定期上报。进度报告会议并不是单纯意义上的发布会，应包括如下两项：完成实际业绩所需要的时间，以及设想可能出现的问题并提出对策。

218

在该会议中，应针对问题让参与者提出自己的意见和看法，并加以讨论设法解决问题。

在召开会议时，必须做好会议记录，明确决定事项与未决事项（明确责任人和期限），并派发给参与者。

因问题对策等必须做出变更时，应提交变更申请书。

项目完成报告由顾客和项目业主对项目产品进行验证并归档。 该完成报告不是等项目完成时才制定，而应在项目实施的各阶段就完成。

输出如下所示：

①项目记录：商议备忘录、会议记录等。

②进度报告书。

a. 当前的项目状况。

b. 项目的作业效率（EVMS 的挣值分析结果）。

c. 预测项目完成时的状况。

③变更申请书。

④项目完成记录。

⑤项目最终验收及完成报告书。

⑥反思和今后的课题（教训等）。

（3）挣值分析法

沟通管理进度报告工具中有一种挣值分析法。 其分析的基本思路已在本书 2 -6 中述及。

挣值法又称 EVMS（赢得值法或偏差分析法 Earned Value

Management System），是在工程项目中使用较多的一种方法。此方法是美国国防部（DOD）在吸取过去项目中发生的重大失败教训的基础上开发的一种分析方法。该法将提交项目产品和交易报告规定为必须执行的义务（DODI5000.2）。

此外，挣值法被作为 ANSI（美国国家标准学会 American National Standard Institute）的标准规格而得到广泛应用。

根据该挣值分析，可以及时发现项目中存在的问题。

挣值法的核心是将计划预算、业绩成本、产品完成度换算成货币，以此评价项目中可能出现的问题。因此，它作为一种与项目相关的所有利益相关方的通用语言而发挥作用。

应用挣值分析法，能客观准确地对项目成本和项目日程进度间的差异及实施效率进行管理。

参照图 4 – 16 所示，根据挣值分析法描述的项目信息，能提前预知和定量把握问题的征兆，从而及时采取修正或预防措施。

在传统管理方法中，无论个体测试的进度率，还是子系统设计的进度率都一样，不会考虑作业量和人员熟练程度之间的差异。针对该问题，采用挣值分析法具有如下优点：无论在子系统参与者之间比较，还是在 WBS 分解的任务单位间比较，均能在同一次元间对各资源消耗的时间单位进行比较。

此外，在围绕项目后续工程的可行性，对其风险度进行判断时，可以根据客观数值做出预测，并分析项目的最终成本。

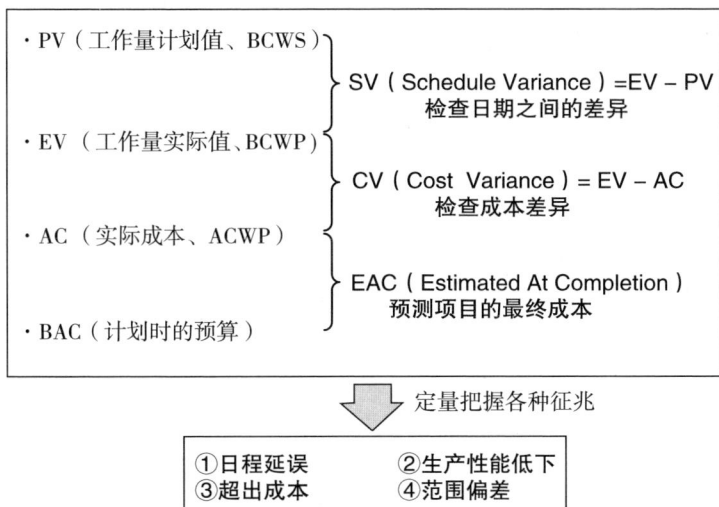

图 4 – 16　挣值分析（Earned Value）的 4 个基本参数和分析目的

　　如图 4 – 16 所示，首先，挣值分析法有 4 个基本评价参数。 以这 4 个基本参数为基础，对管理指标和差异的分析思考可参照表 4 – 12 中项目的规模和状况而定，但一般来说，表 4 – 12 略称一栏中的效率指标——SPI 和 CPI 如果低于 0. 9，则视为危险状态。

221

表 4 -12　挣值分析中的基本参数和管理指标

类别	名称	略称	算法	概要
基本值	Planed Value, Budgeted Cost of Work Scheduled	PV、BCWS（工作量计划值或工期预算）	计划需时×时间单价	在给定工期内，分配给该作业的许可预测值。
	Earned Value, Budgeted Cost of Work Performed	EV、BCWP（工作量实际值或产量）	完成作业的计划需时×时间单价	根据计划预测作业时间的实际完成作业量，对应进度比例百分率的总预算准备金。为使数据的收集简单化，多采用30%、70%、90%、100%等限定数字，但有时也采用0.100%的二值变量。
	Budget at Completion	BAC（竣工预算）	全部计划需时×时间单价	项目完成时的预定作业量。
	Actual Cost, Actual Cost of Work Performed	AC、ACWP（实际成本或实际发生成本）	完成作业的实际耗时×时间单价	到该时点为止，已完成作业的所需费用合计（包括直接和间接费用）。
差异分析	Schedule Variance	SV（日程差异）	EV - PV	日程预定与实际业绩间的差异，负值为日程延误。
	Cost Variance	CV（成本差异）	EV - AC	成本预则与实际业绩间的差异，负值为超出成本。

类别	名称	略称	算法	概要
效率指数	Schedule Performance Index	SPI（进度效率指数）	EV/PV	预期作业进度与实际进度的比值。该值小于 1 时，为日程延误（滞后，Behind）
	Cost Performance Index	CPI（成本效率指标）	EV/AC	预测作业量与实际完成量的比值。该值小于 1 时，为超出成本（顶线，Overline）。
预测值	Estimated At Comeletion	BAC（计划预算）	BAC. CP 或 AC +（BAC - EV）/ CPI × SPI	从某时点到项目完成为止的最终预测成本。

（4）移交工作时的沟通

在本小节中，将针对从咨询顾问向系统开发小组移交工作时可能出现的沟通问题进行说明。

当企业在实施系统改革过程中遇到困难时，一般会求助外部咨询顾问。这时，咨询顾问应参与系统开发工程上游企划阶段的项目，并根据企业的经营方针拟订具体的系统计划。

这时，首先面临的问题是若干项目之间的调整。在这种情况下，应召开包括咨询顾问和事务局等项目相关方在内的具有联合意义的"联锁会议"或"项目间调整会议"。 其修正和变更内容需要在"项目间联合记录书或调整会议记录书"中做明确的记录。

参照图4-17所示，须从企划工程阶段进入系统设计工程阶段，继而移交至系统开发小组。 为了使这些过程顺利开展，需要注意以下几点。

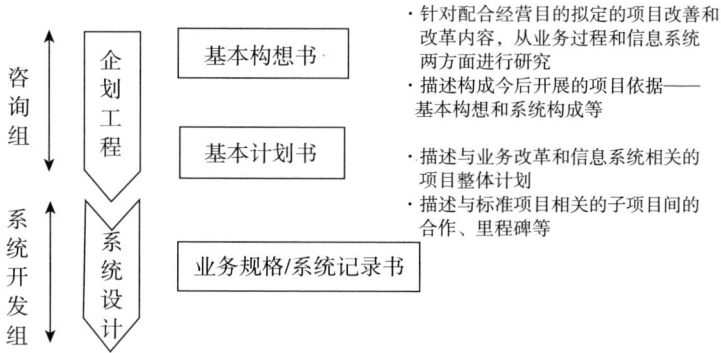

图4-17　从咨询顾问到开发项目间的移交

①为明确要项定义，系统开发小组应即刻提交"后续活动计划"，或在项目最初就让项目咨询组参与。

②召开面向系统开发小组的说明会议，回答和应对系统开发小组成员的疑问和意见，促进他们对后续事项的理解。

③项目咨询组在指定开发用软硬件及提供系统开发费用方面，不得遗留制约条件。 所有相关决定最终应委托给系统开发小组。

224

④在委托方企业内部，其作为项目业主，应从咨询组听
取与系统开发小组活动内容相关的项目进度状况报告，并从
主客观出发掌握整个项目的状况，承担对项目产品的上层管
理职责。

4－15　项目工程的变更管理

项目变更有很多种，有因规格变更、性能问题所致的变
更；有因文档不完善（范围和需求规格不明确等）所致的变
更；还有因编程所致的变更等。这些变更都会对项目日程、
成本及作业负荷等造成影响。

在系统开发过程中，变更是不可避免的。如何在管理过
程中使这些变更直观可见，对项目工程管理者来说非常重
要。当规格变更管理不到位时，必然导致系统开发小组成员
的工作热情低下，结果使项目日程延误或开发工时增多。

（1）变更管理的基础信息

变更管理应根据描述项目进度状况、效率的进度报告书
和变更申请书进行。变更管理可根据进度报告的内容把握项
目的实际状况，发现可能引发问题的潜在原因，然后经过讨
论，及早采取应对之策。此外，经口头或书面传达的变更申
请来自项目和外部的直接指示或间接要求等，需在考虑优先
执行的顺序之后再进行取舍，这时应该注意下面几点。

225

①进度检测标准的统一修正操作。

经许可的变更项目应在所有项目计划中记录备案，但是，关于进度检测标准（EVMS 分析计划值等）仅在范围变更时实施。

②产品范围变更。

产品或包括提供服务在内的功能特征——产品范围发生变更时，必须反映到项目范围（为制造特殊指定的产品而实施的作业范围）的定义上。

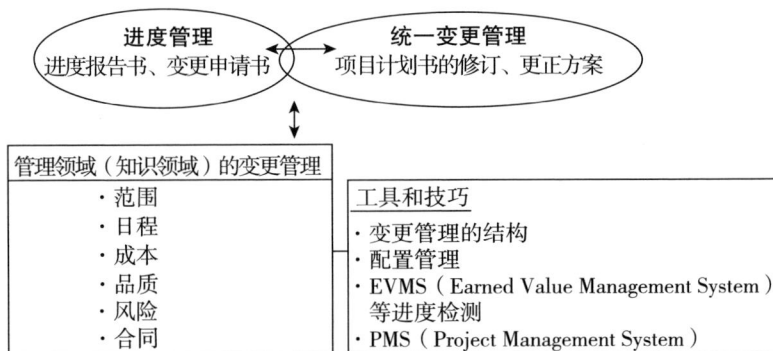

图 4－18　项目的变更管理和进度管理

规格变更管理的步骤

a. 接受变更申请。

核对标准文件，当变更规格或实施设计变更时，在新"变更管理单"等资料中登记备案。

b. 变更的影响调查。

PM（项目经理）向变更申请者等委托方提出调查请求，

委托方进行评审、分析影响后给出答复。

影响调查

受影响的产品和变更内容。

变更量预测。

日程。

工时预测。

伴随变更时的主要人员数和所需技能。

有无试验环境等制约条件。

c. 对调查结果采纳与否的决定

项目经理组织召开变更管理委员会，根据影响调查结果，决定是否采纳变更申请。

d. 实施变更作业。

遵循一般系统开发工程管理实施变更。 PM 在适当的时间内对项目的进度情况进行评审，更新开发状况（进度）。

e. 变更结束。

根据实施结果的评估，在项目完工时向委托方提交报告。

③与其他管理领域（知识领域）之间的调整。

按图 4 – 18 所示，实施与其他管理领域相关的变更调整。例如与项目日程相关的变更，大多会对成本、风险、品质和人员配置产生影响。

变更管理的产物如下：

①项目计划书改订版：在计划书中反映管理领域的调整

结果，向利益相关方传达确切信息。

②修正方案：修订计划中的偏差，以实现最初的目标为方向做出更正。

③经验教训：分析与最初拟定的计划和业绩间产生差异的原因，将原因、修正方案和采用理由等作为经验教训以文档形式体现。

（2）变更管理机制、规则

一般情况下，组织中的变更管理机制已形成相应的标准，但这些机制肯定无法适用于新项目。这时，必须拟定新的变更管理机制。

在处理较多变更时，变更管理机制拥有许可变更申请书和驳回的权利，有时需要设置与变更管理相关的委员会或会议。该变更管理委员会应在主要利益相关方之间进行充分讨论、定义并达成共识。特别在规模较大，而且复杂程度较高的项目中，有时需要设置多个承担不同责任范围的委员会。此外，变更管理必须设想在未获许可情况下可能发生的紧急事件，并针对其状况制定相应的对策。

具体实施步骤可参照图4－18，确定变更管理规则时应考虑如下事项。

①和供应商之间签订的协议中明确与变更步骤相关的内容，以书面形式通知变更。在双方协商一致的基础上，实施变更，包括交货期延误及费用变更等。

②制定规格变更管理的步骤。

应明确接受变更申请、评审、决策、实施规格变更等
要项。

③在适当的时期确定设计规格的形式。

在适当的时期许可功能规格书等标准文档,为避免后续
作业发生混乱,应确定设计规格的形式。

④考虑顾客和用户的满意度、费用及日程调整。

在基础设计阶段之前,规格变更应在考虑对利益相关方
影响的基础上确定。 从详细设计(内部设计)阶段开始,向
顾客和用户提交影响度报告,应避免轻易接受变更申请。

(3)配置管理

在大多数情况下,配置管理位于变更管理之下,而且应
承担一定责任。 配置管理是一种用于明确项目产品是否达到
预期品质和性能的方法,目标是使产品最大程度地与用户的
需求相一致。 因此,需要制定下面几项。

①以文档形式保存系统功能和物理特性。

②记录变更内容和变更结果的经过,并以文档形式保存
(版本管理)。

③验证变更后的系统功能、物理特性、性能和基本的要
求事项。

具体内容可参考本书 1 – 12。

229

4－16　外包工程管理

现在，几乎所有企业都把系统开发项目外包出去。随着外包规模的扩大，系统开发工程可能出现种种混乱和矛盾。

因此，本节将以调度及合同的管理，分散网点和在企业中实施的项目工程管理为重点，介绍相关注意事项。

（1）承包合同和委托合同

合同分为包括基本事项、规定通用事项的"基础合同"和确定具体交易条件的"独立合同"。

表4－13　承包合同和委托合同的比较

适用于承包合同的项目/时期	应归入委托合同的项目/时期
·必然性高、可进行正确预测 ·明确与供应商之间的责任划分 ·对可交付物的功能、质量水平需承担相关责任 ·系统设计时期、软件开发时期等。	·不确定性（风险）高，正确预测困难 ·明确与供应商之间的责任划分 ·对可交付物的功能、质量水平等难以追究责任 ·企划时期、系统测试导入时期

日本电子信息技术产业协会（JEITA）规定，系统开发按时期分类，并在各个时期签订独立合同。如下所示，应该按各时期的特征区别对待"承包合同"或"委托合同"。

①要求定义、设计服务：承包或委托。

②构建服务：承包。

③利用准备、转移的支持：委托。

表 4 – 14　合同的注意事项

注意事项	内容
（1）规定变更管理步骤	因规格变更、合同版本变更等提出变更申请时，需确定以下步骤 ・申请变更和协商办法 ・确定变更内容的方法 ・变更对合同条件产生影响时的处理办法 ・变更不影响合同条件时的处理办法
（2）规定验收条件（如检查时间、检查规格书等）	为了防止因入库检查、检查标准不明确引发的纠纷，应提前确定入库检查时间和合格标准。
（3）支付条件	确认支付条件和变更交涉
（4）规定瑕疵赔偿责任期间	针对供应商验收后出现的产品瑕疵及损失赔偿问题，应于事前明确其相关处理方法（民法规定从验收日起一年）
（5）规定损失赔偿金额	一般来说，以相当于承包贷款的金额为限
（6）关于知识产权的规定	软件开发可能涉及订购方与供应商双方的知识产权纠纷，如工业所有权（专利、实用新型、商标、外观设计）和著作权等，为避免引起诉讼应于事前做明确规定
（7）保密原则	软件开发不仅涉及订购方的机密，还涉及供应商的相关利益，双方应就信息保密管理拟订相关规范。特别是对个人信息的保护，应遵循所属组织的法律规定并进行相关管理。

　　在日本民事诉讼法中，"承包"和"委托"涉及的责任内容完全不同。承包合同负有完成工作的责任，当工作未能如期完成或交货期延后时，即构成合同违约；此外，出现缺

陷产品和不良产品时，需承担瑕疵赔偿责任。

在委托合同中，如果由优秀的管理人领导，职务提供正当的话，就不承担完成工作的责任，原则上也不用承担瑕疵赔偿责任。 顺便提一句，委托合同为商业交易专业用语，不属于民法范畴的合同。 因此，在书面上的规定是"承包"还是"委托"，需要合同当事人之间做出明确的规定。

项目工程管理者应考虑时期、开发主题的特征、项目的各种周边环境，与此同时，和委托方之间签订相应的合同。

表4－13和表4－14列举了承包合同和委托合同间的不同，以及签订合同时的注意事项。 但是，为了避免后续交易过程中可能出现的纠纷，应仔细斟酌这些内容，并以适当的形式在合同中做出规定。

（2）信息共享和沟通的基础

与生产系统不同，信息系统的构建很难以物理形式呈现，而且，有时可能在若干供应商和事务所之间进行。

这种在分散地启动的项目很难在同一场所将全部的项目参与者集合起来，而且，超越企业框架约束之外的协同作业也缺乏有效的沟通。 因此，由于企业文化、企业制度、项目执行惯例、成员行动规范和价值观等种种不同而导致的矛盾会很多。

为使各分散地的项目能够按照预期计划进展，必须注意下面几点。

①为各分散地间（利益相关方）配备有效的通信手段。

配备有效的通讯手段是首要举措。 除电子邮件外，必须充分利用网络平台这一切实的通讯方式，从而确保项目数据、文档资料等的信息沟通。

必要时，还应确保 ID（密码）和 Verisign（网站安全认证）等网络安全措施。

②达成实现统一目标的共识。

对将要完成的目标尽可能地用具体成果来定义，并在成员之间获得共识。 此外，在范围管理中，应以在制作 WBS 前定义产品结构为导向，但对于是将概念和目标分派至子系统中进行展开，还是应该利用 PBS（Product Breakdown Struture）的问题，需要项目参与者展开讨论，于事前达成共识。

③以任务单位的产品为中心的工程管理。

必须将各分散地视为独立性强的作业小组进行定义，应用管理工具对"项目计划──→执行──→控制"的各个工程进行管理，构建支持管理的周边环境。 此外，以产品为中心明确责任，研究怎样把分散于各处的成员间的调整和验证控制在最小范围。 如果各分散地的项目工程进度和产品管理有疏漏，作业负荷必定会在工程的最后阶段集中出现，并对其他利益相关方产生不利影响。

④灵活运用面对面沟通和网络沟通的方式。

应从政策性、战略性的角度来考虑各分散地项目的适当的沟通方式。 特别在项目启动初期，为定义项目概念，应设置各分散地项目经理间的面对面的沟通会议，在项目进行过程中的重要节点（里程碑时期）召开交流会议。 在各分散地召开的项目会议中，围绕"今后可能发生的风险"的解决方案和预防方案等进行讨论，对于项目预算和日程产生影响的规格变更和重要风险等，应在项目统一会议中制定最终决策，并向项目各相关方进行传达。

第 5 章
产品开发的工程管理

在本章中，将针对项目型业务中被称为制造产业核心的产品开发项目的工程管理来进行阐述。

5 - 1 开发业务的工程管理特质

开发业务，由于其主题和行业形态不同导致业务特性各不相同，因此，其工程管理的方式和作用也大相径庭。 在开发业务中，特别是技术工程管理，如果将其分为研究开发、新产品开发和工程学的话，就更有助于理解。 技术的业务特性差异主要根据在未知领域中参与程度的多少而定。

在本章中，主要以新产品开发项目的工程管理为对象进行说明。 新产品开发业务包括两个方面：第一，包含了未知

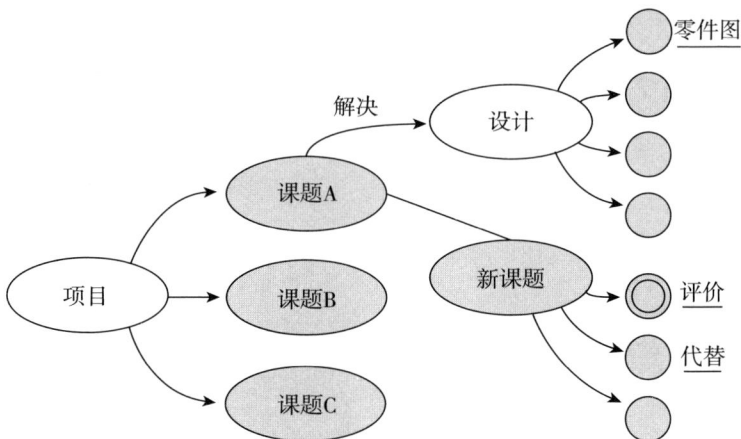

图 5-1　开发业务的工程管理的特性和供应链管理

图 5-2　以课题分解为目的的技术 WBS 展开表

要素的功能开发阶段；第二，已知设计阶段。因各个阶段具有不同的特征，所以，在本章第 5～7 节中将对"独立设计工

236

程管理"进行说明，并在最后介绍有关研发的具体例子。

包含未知要素的对象，其特征首先是无法应用 WBS。 应
该从什么地方入手完全无章可循。 只有一边调查，一边实践
摸索，才能逐渐明白应该干什么，这颇似第一章强调的供应
链管理。 研发等工作的确是这样，在未来的某个时间段会产
出什么结果，没有人知道。 连研究日程也是由责任者本人
而定。

图 5 – 1 为其示意图。 研究和开发初期只有构思和课题。
此后，在重复试制错误的过程中轮廓才渐渐清晰，最终，产
品的形象得以浮现。

我们把开发的初期阶段称为"课题分解"。 课题分解能
够顺利进行是开发成功的关键。 图 5 – 2 是产品开发过程中，
为进行课题分解拟定的技术 WBS 展开表。 图中的 L1 是方
式、方案；L2、L3 中记录构思和课题。 如图所示，一般情况
下，从一个主题可向下展开 30 个左右的构思。

5 –2　量产型产品开发的特征

谈起汽车、家电等量产型产品的工程管理，其一是本章
的题目——产品开发项目工程管理，从开发到量产准备阶段
的开发、设计工程将是管理的对象。 其二是生产工程的工程
管理，开始阶段一边反复试制，一边构思产品，但是，只要
生产工程完成，接下来就可以进入重复工程。 所以，一旦批

量生产开始，在后续的工程管理中，维持标准品质和生产性能的物料、人员、设备的维护管理就构成了管理的主体。

那么，与单件订单的设计工程相比，量产型产品的设计、开发工程的特征在拟定产品计划后，可分为如下几步。

①功能试制和实物模型设计。

②产品试制和工程设计试制。

③批量生产试制。

④批量生产准备和开始。

各个步骤均有明确的目的，并需在各步骤设置产品评价。

在进行量产型产品开发时，应将重点放在质量、功能，甚至市场价值的评价上。因此，应明确必要产品的规格和生产条件。当然，也不能忽视日程和成本问题，还要严格遵循根据市场需求确定的产品销售日程。但是，处于开发中期的日程应在观察市场和同行业竞争动向的同时，由开发部门在自主判断的基础上进行修改。

此外，产品开发阶段的工程管理的特征如下：与"推动每一个既定工程"相比，似乎应该把重点放在"解决每一个课题"上。也就是说，"解决课题管理"这样的表述更容易让人接受。

近来，在批量生产型产品开发中，朝着能够应对个别客户需求方向努力的趋势日益明显。从商品企划及产品规格的决定阶段开始，能够开发扩大客户选择需求和任选业务功能

238

的各色产品已经成为了首要前提。

另外，在生产阶段，根据需求下达临时生产指令，使用同一生产线和组装设备应对多样化产品的灵活性也越来越强。

为了使这些设想成为可能，应采取产品、零件、选项的模块化、通用化、系列化等多种措施。在此基础上，为降低产品成本、提高开发效率，项目自身应对系列产品进行分群管理来推动项目进展，并下工夫防止资源重复。

关于上述开发型产品的开发过程的工程管理，与单件订购型相同，该方式的重点在于应用 WBS 拟定工程展开和课题展开。其中最大的课题，是怎样减少实验次数，有效执行被称为试制实验的小型任务。在实验中，定义需要解决的课题和构建解决的场景至关重要。

在新近的开发设计中，需要测试设备、控制设计、软件开发、机械设计、化学、物料开发等众多专业技术人员的参与。此外，不少开发设计部门通常同时进行多款产品的开发。面对这种情况，需要事先明确什么人、从属于什么职能部门、正在进行什么项目等内容。

开发项目的管理对象如下：规格、品质，产品成本，开发日程，开发工时，研发费用等。

5-3　标准项目管理和个别项目管理

创造型企业最重要的功能在于新产品的开发。一般来说，新产品开发的步骤如下。

首先，按产品范畴拟订产品战略，以此为基础提出产品开发的构思，进行评价和研讨，确定主题，并制定标准开发计划。 当该企业的全部开发主题以列表形式推出后，标准开发计划将成为企业中期经营计划的支柱。 从这些列表中，对企业来说被公认为重要的部分将成为重点研发主题。 图 5－3 为标准开发计划的制作范例和在该基础上制定的个别项目管理的展开步骤。

以标准开发计划为基础进行研发，研发完成后，接下来的步骤是产品开发。

产品开发项目工程管理的重要思路是项目的管理分类、时期及阶段管理。

（1）项目的管理分类

从开发主题的性质、目的、新颖度、规模等特性出发，设定项目的管理分类。 一般情况下，分为如下几项。

①新开发项目。

②样品更新项目。

③局部更新项目。

（2）分时期与阶段的项目工程管理

一般来说，参照图 5－4 所示，因为开发本身具有不确定性，所以，需要针对开发的各个阶段进行评价，设定下一阶段的目标并增加变更。

（标准项目管理）　　　　（个别项目管理）

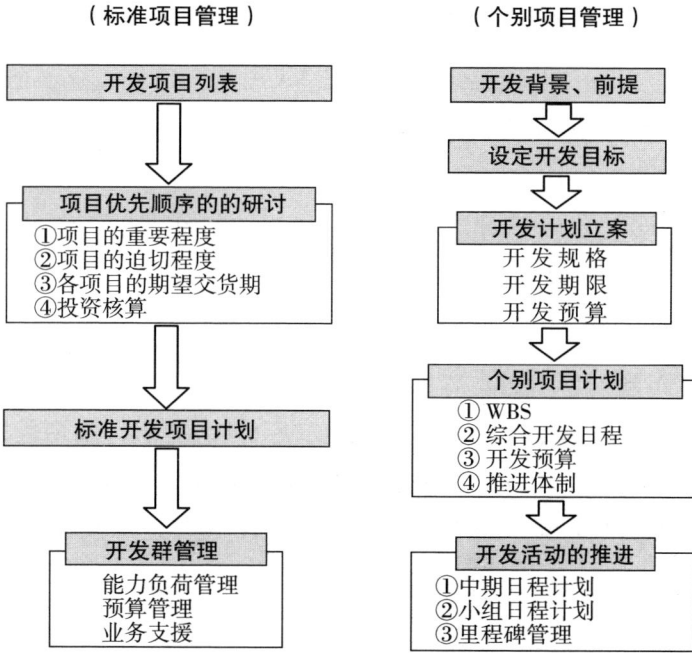

图 5 - 3　标准项目管理和个别项目管理

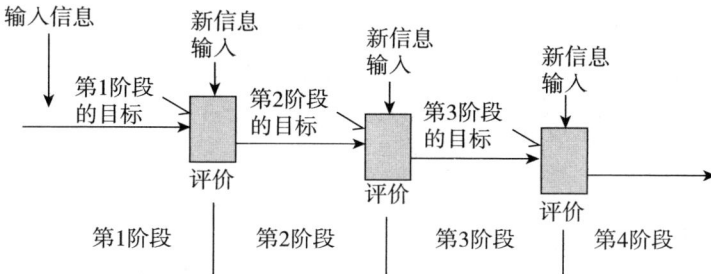

图 5 - 4　分阶段项目工程管理

241

5-4　产品开发的阶段划分

一般来说，企业新产品开发分为研发、技术开发、产品企划、开发设计、生产准备、生产等几个主要时期。时期就是从"研究"到"开发"，再从"开发"到"投入生产"这种重要阶段的状况发生变化的节点。

通常来说，产品开发可以进一步分为产品企划、创意设计、基本设计、详细设计等若干业务阶段。

新产品开发典型的开发步骤如图5-5所示，该图是按阶段来划分的。在图中，阶段是开发过程中稍作停顿、进行评价或评审的环节。步骤相当于开发的步骤，与该图相比其进一步可细分为：功能设计、功能配置计划设计、工程学设计、回路设计、量产设计等。

在项目整体的日程管理中，最重要的是步骤管理。

各步骤又由若干任务构成，例如：规格书制作、强度计算、基本设计图制作等。各任务最好是能够对图纸和规格书等输出做出明确定义的单位。任务的大小虽然因项目不同而不同，但一般来说，以汇总1周左右的任务为单位。

为了使决定开发的产品控制在预定成本范围内，并在指定工期内交付，应以设计主任为中心认真执行项目工程管理，每日活动以个人或小组为单位对各任务进行管理。

242

阶段	步骤		
构思信息收集企划阶段	构思创意 技术、市场、企业调查 评价　着手研究决策	第1阶段	针对提出的构思方案，确定是否将其列入研发项目而进行的研讨/评价阶段。该阶段以收集技术、市场、经营信息和调查活动为主体构成。
前期开发阶段	研究开发 部分试制/实验 评价　产品设计决定	第2阶段	前期开发阶段。决定是否采纳该项目。特别针对重点技术课题进行研究和试制。
设计开发阶段	产品计划 产品设计、试制 实验、测试 评价　企业化决策	第3阶段	继第2阶段确认技术可行性构思后，进行评价、研究项目是否可以企业化的阶段。
生产准备阶段	生产设计 设备、工具安排 生产试制 评价　正式投产决定销售	第4阶段	该阶段为生产准备阶段，目的在于推动项目顺利投产。因此，该阶段应以生产为重点，进行生产设计或工具设计等。
生产阶段	量产试制 正式投产	第5阶段	经过第4阶段的生产试制和市场检验后正式投产的阶段。在该阶段，除了遗留一些实用性问题外，作为研发项目已基本完成。

图 5 - 5　产品开发阶段的构成要素

243

5 – 5 产品开发各阶段的应用方法

新产品开发的时期、阶段、步骤及其应用方法可参照本节表 5 – 2 所示。 此外，表 5 – 1 是对表 5 – 2 各方法的重点内容进行的简要说明。

表 5 – 1 应用方法的概述

应用方法	说　　明
场景分析法	是以假定某种现象或某种趋势将持续到未来为前提，综合考虑导致该变化的若干变量、要素，与此同时，对对象可能出现的情况或引发的后果进行预测的方法。通过模拟真实情景，以及对时代的认知、产品的用法等进行设想，在明确 5W1H（管理工作中对目标计划进行分解和进行决策的思维程序）的基础上，提高预测的一种直观定性方法。
OST 法	一种在 Objective（目标）、Strategy（战略）、Tactics（战术）的阶段中明确产品开发战略的方法。
PPBS	Project Planning&Budget Systems 的省略表述，即计划项目预算体系。
产品投资组合管理（PPM）	PPM 是 Products Portfolio Management 的省略表述。 是保证产品平均合格率达到高质量高水平的一种管理方法。纵轴是产品的成长性，横轴是收益性，以此设定产品。最佳产品组合是：瘦狗产品（已过成熟期的产品）、问题产品（属衰退期的产品）、新星产品（新增长盈利的产品）、金牛产品（资金流量大，保证公司运转的产品）。
MR	Market Research 的省略表述。即市场调研。主要内容为调查消费者的消费行为、消费意识等。有问卷调查、电话调查、行动确认等方法。

244

(续表)

应用方法	说　　明
深层调查报告	探知消费者的内在动机和趋向的问卷调查。
现场观察法	从产品使用和销售的现场出发，把握新产品的动向需求。
市场实验	为把握市场需求、动态、结构等，以假设为基础在市场展开调查、验证。
创造性开发的方法	介绍以头脑风暴法（Brainstorming）为主的各种方法。
关连树法	即 Relevance Tree 法，执行与项目成本相关的关连树作业，通过其与主要功能的关联性来评价目标的适当性。
FMEA	Failure Mode and Effects Analysis，即失效模式与影响分析的省略表述。 是一种基于设计阶段的可信性较高的评价和分析方法。它对各种可能的风险，如零件故障将对产品产生怎样的影响可进行评价、分析。
FTA 故障树分析法	Fault Tree Analysis 的省略表述。采用逻辑符号描述某系统中各种事件之间的因果关系。
PERT 计划评审技术	Program/Project Evaluation and Review Technique 的省略表述。
DR 设计评审	Design Review 的省略表述，即设计评审。设计初期汇总专业知识，有组织地对现有的设计作出评价、改善、确定等评估活动。
配置管理	参照本书 1－12。
实验计划法	为提高实验统计数据的可信度，有效地组合主次因素进行配列和实验的方法。

245

表 5-2　新产品开发阶段和应用方法

时期	阶段	步骤	注意事项	应用方法
I 拟定经营计划	1. 明确企业需求	● 企业状况和决策	● 为获得成功必须努力奋斗 ● 从有把握成功的环节入手	
	2. 拟定长期经营计划	● 预测企业环境 ● 设定基线	● 对时代的认知（丰富多彩的社会）（脱离工业化） ● 商品的生命周期就是企业的生命周期	● 场景分析法 ● OST 法
	3. 制定研发方针	● 产品导向领域 ● 组织体制 ● 总预算框架 ● 其他	● 是基础研究主体还是应用研究 ● 是自主开发还是引进技术	● PPBS
II 产品计划	1. 制定产品组合和产品策略	● 改良现有产品 ● 现有产品用途开发 ● 新产品开发	● 引导产品结构均衡发展（老产品、现有产品、新产品） ● 产品种类的深度和宽度 ● 产品差别化和市场细分化	● 产品投资组合管理（PPM）

246

（续表）

时期	阶段	步骤	注意事项	应用方法
Ⅲ 产品企划	1. 市场研究	●顾客研究 ●竞争产品研究 ●竞争对手研究 ●销售方法研究	●真正的客户对象是谁 ●索赔是开发产品的宝库 ●捕捉客户的变化和心理 ●用感官（眼耳足）获取利润	●MR ●深层调查报告 ●现场观察法 ●市场实验法
	2. 技术研究	●技术预测 ●收集技术信息 ●探求根源（目的基础研究/应用研究）	●研究瓶颈现象	●技术预测法（德尔斐法，Delphi） ●实验计划法
	3. 构思探索	●创意（建议） ●打造商品形象 ●确认调查	●独创、自信、独立行动 ●把打造产品概念视为决定胜负的法宝 ●亲自确认	●创造性思维法 ●场景分析法
	4. 主题探索	●技术可行性 ●能否销售出去 ●核算情况如何	●打破常规 ●关注所有人一致反对的主题	●各种评价方法

247

时期	阶段	步骤	注意事项	应用方法
Ⅳ 产品开发	1. 开发计划	●开发规格 ●项目编制 ●期限、日程、预算	●权利下放（赋予较大权限） ●争取人心 ●不要扼杀创意丰富的人	●WBS ●关连树法
	2. 产品开发	●基础构思 ●设计 ●试制实验	●一定要实现，执著和热情 ●日程预算管理 ●集合其他部门的能力	●FMEA、FTA ●PERT ●DR
Ⅴ 企业化	1. 市场测试	●测试消费者 ●试销和研究销售方法	●不要吝惜试制和试销时所需的资金 ●观察竞争者的动向 ●发现不可行时立即罢手	●MR ●实验计划法
	2. 销售准备（市场导入计划）	●问世计划 ●价格政策 ●流通对策 ●促销计划	●自行试销 ●销售产品的概念 ●产品名代表实质	
Ⅵ 生产/销售	1. 产品改良 2. 缩减成本 3. 扩大销售		●研制产品、工作热情和人员 ●为下一次开发做准备	

248

5 – 6　个别项目管理的步骤

个别项目管理的步骤和项目管理工具的功能可参照图 5 –
6 所示。

根据项目的特性、规模、新颖程度、市场特性等因素，
可确定如下几项内容。

①开发体制。

②管理分类。

③开发步骤。

为拟订独立项目计划，首先需要明确项目的目的、设定
的目标、输出等内容。

一旦明确开发规格，接下来就是采用 WBS 法展开开发设
计业务。 在此基础上分派业务，推动开发日程，拟定具体
日程。

并行若干项目时，需进行负荷调整。 此外，应提前进行
风险分析，设法规避风险。

只要上述体制完备，就能正式启动开发，推动项目
进展。

为了配合项目进度，需要执行规格及图纸管理、业务管
理、进度管理等。

在开发设计项目中，不仅涉及开发设计业务，同时，还
要对试制实验业务的日程和品质进行管理，以及维护出图日
程等进度管理。

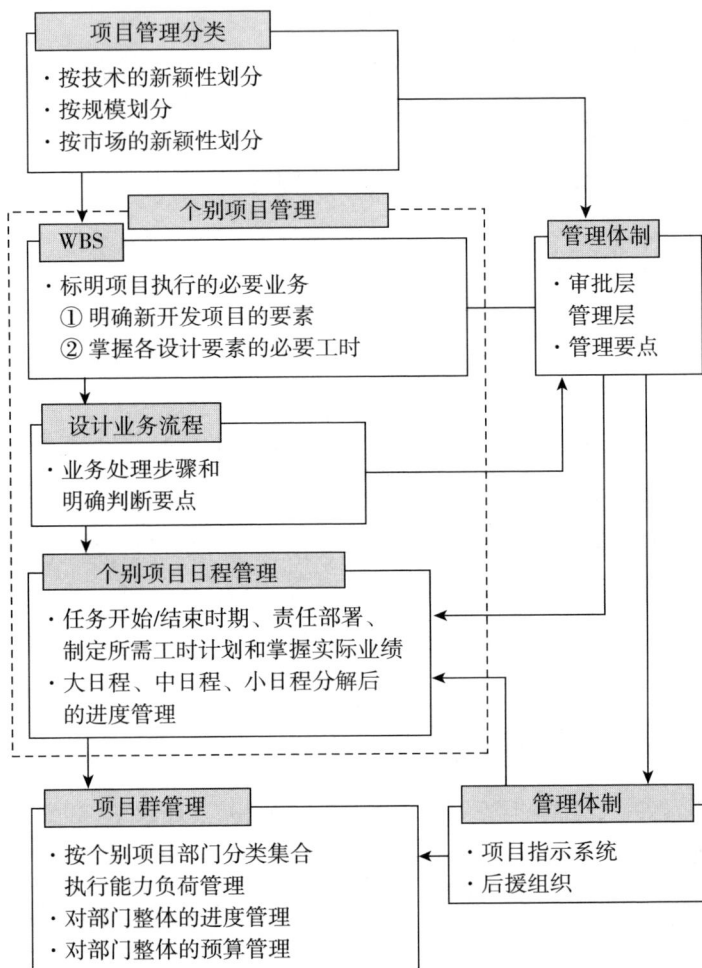

图 5-6　项目管理工具的功能关联图

5 – 7　个别设计项目的工程管理

（1）项目管理和项目工程管理

项目管理适用于造船、建筑、成套设备建设等个别设计项目，即适用于一般意义上的项目管理。 在项目管理中，项目工程管理是项目管理促进项目实施的一种重要的管理方法。

从项目工程管理的角度来说，项目经理需承担的任务可参照表 5 – 3 所示。

表 5 – 3　项目经理的职责

①明确开发规格和订购规格
②设计方针、设计构思、系列方针
③开展开发设计业务（在开发型工程管理中，重点是课题分解）
④制定必要的设计者能力标准和项目体制
⑤预测开发/设计的工时等
⑥计划项目日程
⑦管理设计变更
⑧处理突发事件
⑨和生产部门碰头
⑩和营业部门碰头
⑪管理设计者的工作效率
⑫风险管理

251

（2）设计和设计业务工程管理

单件订购产品的设计和工程与量产型产品开发项目不同，对日程管理的要求极其严格。 设计、工程部门的出图日程如果延误，会对后续工程产生巨大影响。 而且，有时甚至因日程延后被索赔罚金。

一旦订购任务确定，应以基础规格为准，在采纳客户需求事项的基础上确定待制品的规格，以及汇总基本设计书。并在该阶段召开项目启动会议。 在汇总基本设计书、展开WBS、明确各自分担业务的同时，需拟订标准日程。

项目启动会议是第 1 次工程会议。 在会议上，应对项目各任务的日程、成本、产品、质量进行定义和管理。 日程紧迫时，应研讨瓶颈工程，制订紧缩日程计划。 此外，为了达成日程计划，还需要进行重要人员的配置。

在日程管理中，确定步骤和优先顺序至关重要，这是制定日程的基础，也是项目经理和推进管理人员的任务。 如果连外包业务在内，项目执行小组数超过 10 个以上，最好配备专职管理人员。

在实际工程管理中，应设定详细的里程碑计划，彻底执行管理。 此外，还可采用网络工程图和 PERT 法等，以关键路径为重点执行管理。 对现场管理，应增设管理揭示板，实施目视化管理。 对设计者个人的管理，应落实制定作业日报责任制，在每周召开的项目会议中了解项目的具体进度。

（3）出图管理

在进行设计时，工程进度的关键是图纸，即出图日程。

一张图纸到出图为止经过的工程可参照表 5 – 4 所示。 承担
监管这些工程的正是工程管理。 特别在单件订购设计工程管
理中，最重要的就是出图日程管理。

在大型项目中，为配合执行项目整体的设计工时管理和
出图日程管理，特制定图 5 – 7 所示的进度管理图。

表 5 – 4　单件订购设计工程和主要输出

①制作规格书
②制作计划图
③与客户协商规格
④制作计算书
⑤制作功能试制图
⑥功能试制
⑦工程模式
⑧申请审批图
⑨制作组装图
⑩制作零件图
⑪检查图
⑫图纸清单
⑬图纸修正
⑭制作资料
⑮联系相关部门
⑯维修手册
⑰组装指导
⑱检查例会
⑲验收例会
⑳其他

表 5 – 5　扰乱设计工程的原因

①客户规格变更
②规格商榷不周
③设计方针不明确
④里程碑阶段的 设计商榷不充分
⑤技术问题
⑥设计变更
⑦设计者欠缺经验
⑧计划资料不足
⑨设计者负担太重
⑩录用不合格人员
⑪试制研讨不充分
⑫工作失误的对策
⑬索赔、故障
⑭其他突发事件

此外，为了执行出图日程管理，需事先制定出图清单和
出图检查表。 总之，因为开发设计的输出是出图，所以，出

图清单就是管理的重点。

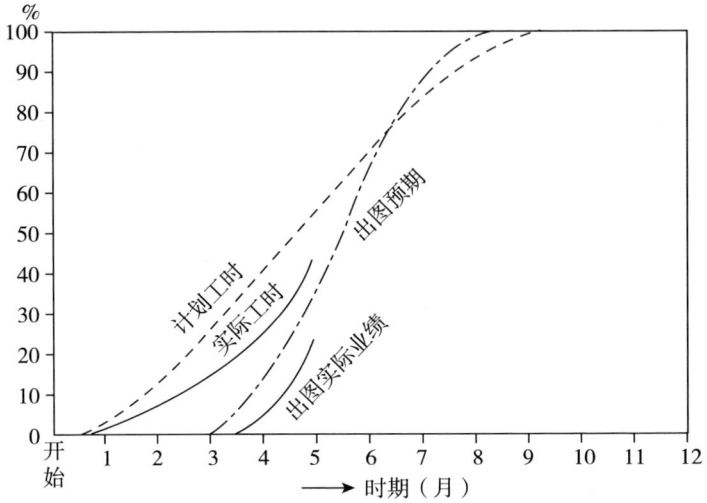

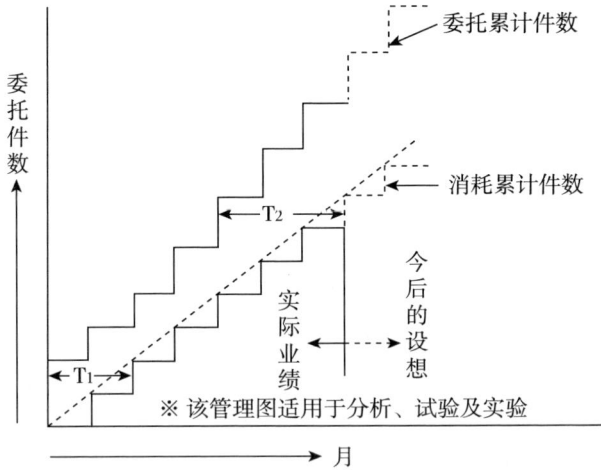

图5-7 进度管理图范例

开发设计工程管理的重点是查明对产品性能、信赖程度及成本产生重大影响的工程。 以工程进展顺利为目的拟订计划。 扰乱设计工程的因素众多，管理过程中需要注意的事项可参照表5-5。

5-8 设计的变更点管理和图纸变更管理

扰乱项目工程的首要因素是设计变更。 在本节中，将针对设计过程中的变更点管理和设计变更时的图纸管理进行说明。

（1）变更点管理

1）变更点管理及其要点

变更点管理可以说是项目管理的支柱之一。 根据日本能率协会管理咨询部关于日程管理的调查数据显示：设计日程管理难以顺利实施的第一个因素是"突发任务和客户规格变更"。 客户方提出规格变更的情况多见于单件订购设计。 这种现象虽然大多发生在客户身上，但在项目开始阶段产品规格不够完善、详细规格尚未明确时就启动设计，或来自客户方的许可延误等也是导致其发生的原因。 在企业内部，当设计组不同，需要与其他部门进行合作时，变更点管理会变得更加重要。

变更点管理包括如下管理事项。

● **明确变更了什么（明确变更点）**

①试制品等频繁更换时，与过去的类似功能相比较，明

255

确什么地方进行了更新。

②伴随系列化产品出现的问题，应先开发基本模式机型，根据模型机解决各种技术问题，在以后派生的新机种开发过程中会出现变更点。

③应在基本构思设计、技术试制、生产试制和开发进展的过程中，对产品的性能等的变化进行管理。 例如，在飞机设计中，机身的重量管理等占据非常重要的地位。 这是因为机身重量对于确定飞机引擎的功率和飞行性能（航程距离）等尤其重要。 而且，重量与制造成本密切相关。

在这里，以③的变更点为中心进行说明。

●事先采取措施防止变更发生，努力减少变更

例如，研讨客户规格变更的原因，完善规格书，落实事前磋商备忘录等。 如果对客户的任意行为导致的变更束手无策，甚至干脆放弃，就永远无法获得进步。 反之，可以试着向客户提议："这样做，可以吗？"或提前准备标准规格清单，交给客户方选择，就相关内容共同商讨其可行性。 即便客户提出变更要求，只要所在企业的技术实力雄厚，应该能提出具有说服力的建议。

●对于项目进展过程中的变更点，在任何时段能了如指掌

进行设计等工作时，在图纸上追加修订编号的例子很常见，但对于一些细节总有把握不到位的情况，例如现在修订的情况怎么样了，以后是否还有需要变更的地方等。 为了切

实把握发生在项目关键环节上的变更，需要根据配置管理，在各开发阶段设置基准线，并在该阶段的节点执行变更点管理。

● **分析变更点的影响**

当某个技术性要素发生变化时，应明确其他地方是否需要变更，并对此召开变更管理会议。

● **迅速通知各部门变更内容**

重要变更应及时联系，微小的变更可汇总后一并向各部门传达。 变更大多需要对 WBS 同时进行修订。 技术规格、作业（生产任务）、预算、日程变更等一切变更必须同时修订，而且应在变更上增加识别编号。

2）开发阶段和变更点管理

在什么时间对产品和系统规格的变更等进行管理是一个重要问题。 一般来说，应在各开发阶段召开变更管理会议，以确认变更内容。

表 5-6 是一个变更点管理表的范例。

3）变更点管理会议

变更点管理会议的重要事项汇总如下。

①目的：确定是否承认项目计划中发生的变更（规格、成本、日程等）。

②会议执行主席：项目经理。

③事务局：由负责管理的人员构成。

④参会人员：总工程师、生产、调度、质量保证等。

一个变更事项至少需要召开 2 次会议。

第 1 次：客户需求事项或开发规格变更时，决定是否执行变更。

第 2 次：技术课题提出变更申请时。

对于变更频繁的项目，应适当增加会议次数。

（2）图纸变更管理

图纸变更不仅包括图纸本身的变更内容，还包括根据该变更内容必须对什么地方执行变更，与变更相关的指示等问题。 当然，还应迅速通报，联系相关部门。

因图纸变更手续不全引发的故障如下。

①图纸变更本身的通报疏忽。

②变更准备的疏忽。

③与变更零件相关的其他零件变更的遗漏。

④同一缺陷在其他零件中发生。

⑤变更零件不能适用于其他机型。

下面是图纸变更时的注意事项和通知单的记录事项：

变更部件名；变更部件编号；变更类别；变更内容；变更理由；变更紧急程度；变更执行编号机；老旧部件处理；工具、检查仪器的变更；与相关零件（安装对象、配合方、其他）间的关系（是否变更和变更时期、有无零件表变更等）；是否适用于其他机型；类似机型是否变更；变更通知对象。

表5-6　发动机开发规格变更管理表范例

设计元素和规格项目		开发阶段					
		商品企划	种类	功能试制	工作模式	生产试制	量产试制
型号／构造	生产周期						
	冷却方式						
	汽缸方式						
	配置						
	材质						
性能	重量						
	压缩比						
	压缩压力						
	有效压力						
	输出功率						
	变矩						
	大小						
成本	物料费						
	加工费						
	经费						

5-9　试制工程管理

在产品开发中，未知要素越多，试制或实验就会反复进
行。可以说试制的速度制约产品开发的速度。因此，对提
高试制及实验的效率来说，试制工程管理显得格外重要。

259

（1）试制的特性

试制工程管理必须在了解下述内容的基础上展开。

①试制有目的，应配合目的进行。

②试制会反复进行，经过数次失败的累积，就能获得性能优越的产品。 怎样设法促进"设计—试制—实验"这一周期循环非常重要。

③只要减少大型试制的次数，就能大幅度降低开发周期和研发费用。

（2）试制的阶段和目的

具有代表性的试制种类如下所示。

①功能试制。

在产品开发初期进行的试制中，关于怎样发挥既定功能，采用何种方式，对这些进行研讨时，可针对部分功能水平进行实验。 在设计过程中可绘制功能试制图，简单的方式还有草图、口头指示等。 此外，在进行样品改造时，可以在改造旧产品的基础上实施功能测试。

②工程试制。

这是一种功能模式基本固定、为测试产品的功能和性能等能否得到发挥而进行的试制，也称为"工作模式试制"。其重点是产品性能的试验。

表 5 - 7 试制工程的展开范例

	功能试制	工程试制	量产试制
研究	○	×	×
设计	○	○	○
制图	△	○	○
零部件表	○	○	○
安排	○	○	○
模型制作	×	△	○
购买原材料	△	○	○
购买零部件	○	○	○
工具分配	△	○	○
手工试制	○	△	×
零部件加工	△	○	○
组装	○	○	○
试验	○ (实验)	○	○
评价	○	○	○
准备批量生产	×	×	○

③量产试制。

一旦开发设计取得进展，产品的功能及性能经过确认，终于开始试制模具时，应以检测制作的难易程度、发现生产过程中的问题为目的，进行试制并接受评价。 这种方式也被称为模具试制。 不但进行产品的耐性试验，还要确定产品的规格等。

(3) 试制工程和日程管理

试制工程的日程管理与开发设计关系密切。 开发设计日程确定了试制日程，在试制部门中，则基本没有自主性。 试制部门从开发时起，直到图纸、购买规格等确定后才正式开始活动。 而且日程受到严格限制，最起码要能够做到迅速调度和试作。 因此，试制阶段的工程管理要点是怎样迅速调集零部件。 此外，提前预约环境实验室和试验设备等也很重要。 试制工程展开的实例如表 5 − 7 所示。

5 − 10　设计评审

（1）设计评审的概念

在日资企业中，设计评审第一次引起关注是 20 世纪 60 年代前后。 当时，因设计品质低劣引发的事故、故障和投诉等问题屡见不鲜，另一方面，满足消费者需求的品质保证也变得必要起来。 以这些事件为起因，人们开始认识到设计阶段品质管理的重要性。

但是，设计评审是什么呢？ 关于设计评审，"日科技连（图书出版社）"信任度设计评审委员会作出了如下定义。

【设计评审（DR）的定义】

> DR 是一种组织性活动体系，为了实现产品的设计品质需要详细计划生产、运输、安装、使用等过程，并且从客观角度出发，集中知识对这些过程进行评估，提出改善方案，进而确认下一阶段的发展状态。

换言之，设计评审是在从产品企划到生产的各个开发阶段中，对设计品质和其具体计划进行评估的活动。 评估的对象包括商品的功能、款式、便利性、信用度、可维护性、成本等要项。

这些要项是否存在计划上的问题，企划、设计是否合理等，应由各领域具有组织性的专业技术人员给出客观评价。如果发生问题，应拟定改善方案，提前排除故障。 这种为了提高开发产品的有效性而进行的活动就是设计评审。

最初，设计评审是一种以确保产品信用度为重点发展起来的管理技术。 但是，现在正如前文对设计评审所作的定义一样，设计评审已经成为一种对企划阶段的产品企划内容和商品性的评价等事项进行审核的活动。

在设计评审中，为支持开发设计者的工作需要组织一批各领域的专家。 例如，生产技术员、包装及运输等的物流技术员、噪音控制技术员、成型技术员和涂装技术员等。

（2）设计评审阶段

设计评审应在哪一个阶段进行，这需要根据产品的发展规模和特性而定。 通常来说，设计评审应在下面的各阶段实行。

①开发规格书的评审。

目标客户、客户需求事项、产品功能、质量及其水平、目标成本等，对开发企划是否合理进行评审。

②基本构思阶段的评审。

在完成基本设计，实施功能试制，并拟定基本构思图之后，对构思图的内容进行审核。

263

③工程试制阶段的评审。

在该阶段，需检测产品性能，对量产试制是否可行，生产时的注意事项等提出建议后，再编入评审内容。

④量产试制阶段的评审。

指出和修正生产中的不良状况。

（3）设计评审会议

进行设计评审的场所就是设计评审会议。 会议在开发的各个阶段进行。 通过指出和修正各阶段真实存在的不良状况，以避免下一工程的故障和检查不足。

现以某企业设计评审会议的种类和具体内容为例，制作成表5-8。 在该企业中，分别称为 A 会议、B 会议等。

此外，表5-9 是其他企业的例子，表格中是各设计评审使用的资料。 在这家企业中，将设计评审资料统称为数据包。

表5-8　设计评审会议范例

会议名	时间	目的	说明
A 会议	产品整体构思完成时	①交换与产品内容相关的决策性信息。②决定主要部分的设计方针。③充分发挥前产品的优势，扬长避短。	说明并确认设计参考资料、构造及结构、操作及控制的方法。

（续表）

会议名	时间	目的	说明
B 会议	主要部分组装图设计完成时	①以各班组为单位研讨QCD（在企业运营方面指质量、成本、交期）。②预测加工组装时可能出现的问题，制定对策。	按图纸研讨床具组装、机架立柱组装、桌子组装、压力容器组装、电器组装等相关内容，针对零件的可加工性、组装难易程度等进行项目评审，交流相关信息。
C 会议	零件制图完成时	①从生产设计的角度对标准零件材料、加工工时（QCD）展开讨论。②提高所有零部件的生产设计程度。	随机抽取适量大型零件、齿轮、轴承、箱盖等进行研讨，依据讨论结果，由设计者主动修改与之类似的图纸。
D 会议	出图后即刻	①为构建生产体制进行必要预报。②从成本和交货期等方面采取必要措施。	使直接参与者充分了解机械构造，以及其重点是什么等。
E 会议	主要零部件完成时零部件组装完成时设计者确认实物完毕时	①为进一步提升设备的机械性能，商讨现有设备的优缺点，并作为下次研究的留存资料。	在生产现场确认设备的优缺点和存在问题，在反思的同时对技术服务工程师进行培训。

【注】①各次会议的结果以会议记录（技术资料）形式保存，并派发给相关人员。

②A～E 项的各次会议时间约为 1～1.5 小时。

表5-9 数据包一览表

系统 基本DR	子系统 基本DR	组件 基本DR	安装前 DR	出图前 评审	交付前 评审
· 任务明细表 · 系统性能标准书 · 环境条件 · 接口条件 · 概要图 · 现存子系统一览表和各明细表 · 物料、零件程序 · 试验程序 · 信用度预测 · 关联系统具备的条件 · 费用（成本）概算报告书 · 标准开发日程	· 设计规格书 · 功能流程图 · 概要图 · 组件明细表 · 物料、零件程序 · 接口面标准书 · FMEA · 原组件故障报告 · 新开发组件信用度预测 · 开发日程 · 设计标准报告书	· 设计规格书 · 概要图 · 物料、零件程序 · 试验程序 · 接口标准书 · FMEA · 设计标准报告书	· 设计规格书 · 电路概要图 · 实装构思图 · 材料、零件申请评审书 · 信用度解析报告书 · 关联设计报告书 · 模拟电路板报告书	· 零件、组件规格书 · 界面管理规格书 · 开发试验报告书 · 组件基础设计和申请评审书 · 物料、零件申请评审书 · 信用度预测 · 生产计划书 · 成本分析报告书 · 许可试验计划书 · 设计计算书 · 设计图纸	· 组装图、零件图、电路图 · 零部件一览表 · 制造工程表 · 试验成绩书 · 检查计划书 · 物料检查成绩书 · 零件检查成绩书 · 缺陷报告书 · MRB（注）记录 · 故障修正报告书

〔注〕MRB：Material Review Board（材料审查委员会）

5-11 研发项目管理

（1）研发部门的课题和目标

在本节中，以某化学公司为例，介绍其下属研发部门利用信息基础构造进行的创新型管理。

这家公司的产品是涂料中具有代表性的化学合成树脂类产品，从大多数消费者使用的通用产品，到特殊用途的个别产品，涉及多种类型。 为了能够应对客户提出的新要求，该公司对研发投入了很多的精力。

该公司面临的问题是：实验中心的研发业务过度依赖负责人，并且这种状况一直在持续。 由于宝贵的经验集中在个人身上，组织评价和根据该评价进行的资源分配等管理基本无用武之地。

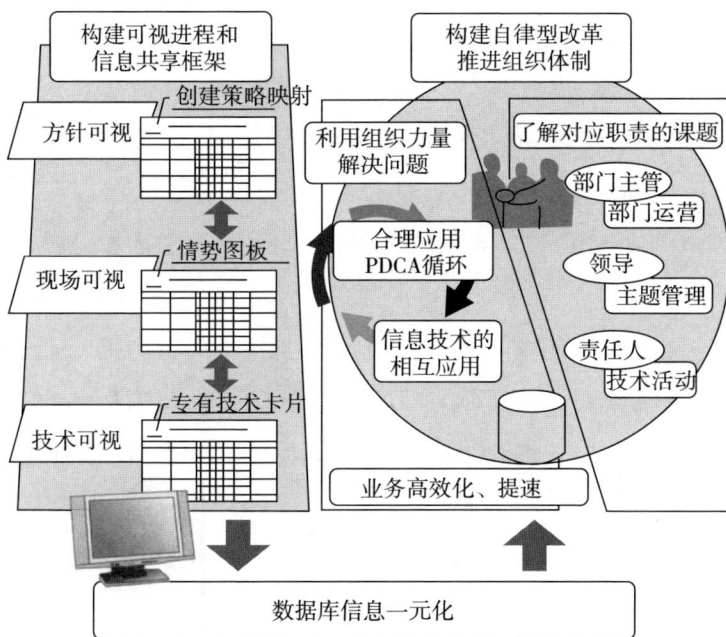

图 5-8　研发项目管理范例

为了解决这一问题，公司将研发部门的目标定位为"通

267

过明确组织方针和管理职能，以战略性决策为基础构建研发体制，为企业振兴做贡献"。 另一个目标是，共享该研发部门的实验成果，避免类似重复，以不断追求更高的技术目标为挑战，集中资源优势。

（2）项目管理工具

关于上述目标中的管理功能，其实质是重视项目管理、配备相应工具。 项目管理工具以承担各职责的小组为单位进行应用，并由以下3种信息构成。

第一种信息是小组现有的全部项目和事项信息一览表。该信息相当于传统月度会议的报告资料，包括主题一览，战略进度状况，以及补充评论。 该信息在网络上予以公布。这样做的好处是：能够随时看到以前只有开会时才能够了解到的信息。

第二种信息是各项目的计划和进度信息。 这相当于一般项目管理信息，主要采用 WBS 法为基础展开课题及各项实施计划， 此外， 还把数据置换为进度信息， 用来描述实时状况。

第三种信息是根据 WBS 展开被定义的各实验业务的详细计划和结果。 这种信息就是技术信息本身，是非常宝贵的实验数据。 虽然信息采用传统格式来记录实验的计划和结果，但无论使用纸质媒介，还是选择电子计算机，文件均由个人管理。

268

该公司新近研发的管理系统利用数据库创建了一种新的信息基础构造。 结果，年产 1 万件产品的杂乱无章的相关实验计划的记录数据终于实现了信息共享，部门间均能相互检索利用。 同时这也给研究人员带来了方便，他们可以通过原始数据与第二轮项目计划信息的对接，将主题列举法、解决步骤、实验中的设想、判断方法等用于参考资料，或者作为项目主管间沟通的材料，最终使这些都成为了具有利用价值的信息。

另一方面，根据需要，任何时候企业管理层都能依据这些信息对生产现场的状况有所了解。 这样一来，拟订目标、进行监管等均成为可能。

例如，在实验记录中，通过综合计算开发过程所需的工时，给技术业务中心——实验业务分配多长时间，给某个工作分配多长时间等，对这些问题均能做到心中有数，并且，还能及时采取早期对策。

此外，应确定这样的管理方式：向今后相关的课题投入更多资源，对过去沿袭下来的课题，提早调查原因并解决。通过这些措施，组织整体的目标能够得以明确，工作的进展方式和意识形态等也会发生重大的变化。

（3）成果

引进项目管理系统的成果如下所示。

①新产品的开发成果大幅提升。

新产品已经确定。 其背景在于：项目经理已能适时参与到突破传统模式（一味依赖研发责任人）、进行的新产品开发的工程之中，并可以根据项目内外状况做出最终决策。

②信息共享，通过共享使质量问题减半。

将此前由个人管理的实验计划记录汇总到一个数据库，使彼此间能够互相借鉴经验，培养一种汲取他人之长为己所用的开放型意识。 同时，在面对质量问题时，能够通过防止人为错误操作的再发，从计划阶段起完善研究，并将其作为新的研究课题来构建相应的体制，还能对研发业务的实际状况做出切实反馈。

③向重点课题分配资源。

要熟悉工具操作的确需花费不少心思，但应尽量将应用思路简单化，使领导层的意识贯穿生产现场。 这样一来，就能向重点课题优先分配资源了。 应向整体渗透一种明确区分优先任务和次要任务的运营意识，不是单纯的"好好干，努力！"而是设置工时分配这种简单易懂的操作指标。

④提高组织间的沟通能力。

分散于各地的事务所之间应积极利用网络来共享信息，此外，即使就在身边的可及之处，如各会议室，也应配备连接电脑的投影仪。 而且就算是最小型的会议，也应养成在进行会议讨论的同时共享信息的良好习惯。

东方出版社助力中国制造业升级

定价：28.00 元

定价：32.00 元

定价：32.00 元

定价：32.00 元

定价：32.00 元

定价：32.00 元

定价：30.00 元

定价：30.00 元

定价：28.00 元

定价：32.00 元

定价：28.00 元　　　　　　　　　　定价：36.00 元

定价：30.00 元　　　　　　　　　　定价：32.00 元

更多本系列精品图书，敬请期待！

畠山芳雄"管理的基本"全系列

定价：32.00 元

定价：30.00 元

定价：24.00 元

定价：24.00 元

定价：21.00 元

定价：20.00 元

定价：26.00 元

定价：19.00 元

定价：26.00 元

定价：29.00 元

定价：20.00 元

定价：20.00 元

定价：19.00 元

东方出版社更多精品图书　敬请期待！